Einfache Türkische Kurzgeschichten

Kurzgeschichten auf Türkisch für Anfänger

Deniz Aydin

Inhalt

Einführung

Das Lesen in einer Fremdsprache ist eine der effektivsten Möglichkeiten, um die Sprachkenntnisse zu verbessern und den Wortschatz zu erweitern. Allerdings kann es manchmal schwierig sein, ansprechendes Lesematerial auf einem angemessenen Niveau zu finden, das Erfolgserlebnisse und ein Gefühl des Fortschritts vermittelt. Die meisten Bücher und Artikel, die für Muttersprachler geschrieben wurden, sind zu lang und schwer zu verstehen oder haben einen sehr hohen Wortschatz, so dass Sie sich überfordert fühlen und aufgeben. Wenn Ihnen diese Probleme bekannt vorkommen, dann ist dieses Buch genau das Richtige für Sie!

Einfache Türkisch Kurzgeschichten ist eine Sammlung von 25 unkonventionellen und unterhaltsamen Kurzgeschichten, die Anfängern und Mittelstufenschülern helfen sollen, ihre Sprachkenntnisse zu verbessern Türkisch.
Diese Kurzgeschichten schaffen eine förderliche Leseumgebung;

- Reichhaltiger sprachlicher Inhalt in verschiedenen Genres, um Sie zu unterhalten und Ihnen eine Vielzahl von Wortformen zu vermitteln.
- Kürzere Geschichten in Kapiteln, damit Sie die Freude haben, die Geschichten zu beenden und schnell voranzukommen.
- Texte, die auf Ihrem Niveau geschrieben sind, so dass sie leichter zu verstehen sind und Sie nicht überwältigen.
- Die deutsche Übersetzung befindet sich auf abwechselnden Seiten, so dass Sie beim Lesen

der Türkisch Geschichte direkt Zeile für Zeile nachschlagen können.

- Die wichtigsten Vokabeln sind in der Geschichte und in der Übersetzung fett gedruckt, damit Sie unbekannte Wörter besser verstehen.
- Verständnisfragen, um zu prüfen, ob Sie die wichtigsten Ereignisse verstanden haben, und um Sie anzuregen, genauer zu lesen.

Egal, ob Sie Ihren Wortschatz erweitern, Ihr Verständnis verbessern oder einfach nur zum Spaß lesen wollen, dieses Buch ist der größte Schritt nach vorn, den Sie in diesem Jahr in Ihrem Studium machen werden. Dieses Buch gibt dir alle Unterstützung, die du brauchst. Also lehnen Sie sich zurück, entspannen Sie sich und lassen Sie Ihrer Fantasie freien Lauf, während Sie in eine magische Welt voller Abenteuer, Geheimnisse und Intrigen entführt werden - auf Türkisch!

Wie man dieses Buch benutzt

Lesen ist ein schwer zu beherrschendes Talent. Wir nutzen eine Reihe von Mikrofähigkeiten, um in unserer Muttersprache zu lesen. Zum Beispiel können wir einen Text überfliegen, um ein grobes Verständnis für den Inhalt zu bekommen. Oder wir durchforsten zahlreiche Seiten eines Zugfahrplans auf der Suche nach einer bestimmten Zeit oder einem bestimmten Ort. Während diese Mikrofertigkeiten beim Lesen in unserer Muttersprache zur zweiten Natur geworden sind, zeigen Untersuchungen, dass wir die meisten davon beim Lesen in einer Fremdsprache vergessen. Wenn wir eine Fremdsprache lernen, beginnen wir normalerweise am Anfang eines Textes und arbeiten uns durch ihn hindurch, wobei wir versuchen, jedes einzelne Wort zu verstehen. Dabei stoßen wir unweigerlich auf unbekannte oder komplexe Begriffe und ärgern uns, dass wir sie nicht verstehen können.

Einer der größten Vorteile des Lesens in einer Fremdsprache besteht darin, dass man eine große Anzahl von Redewendungen und Ausdrücken kennenlernt, die in Alltagssituationen verwendet werden. Extensives Lesen ist ein Begriff, der das Lesen zum Vergnügen beschreibt, um eine Sprache zu lernen. Es ist nicht mit dem Lesen eines Lehrbuchs zu vergleichen, bei dem Gespräche oder Texte langsam und aufmerksam gelesen werden sollen, um jedes Wort zu verstehen. "Intensives Lesen" bezieht sich auf das Lesen, um bestimmte Lernziele zu erreichen oder Aufgaben zu erfüllen.

Einfache Türkisch Kurzgeschichten bietet Ihnen die

Möglichkeit, mehr über den natürlichen Türkisch Sprachgebrauch zu erfahren, auch wenn Sie Ihre Reise zum Sprachenlernen vielleicht nur mit Lehrbüchern begonnen haben. Im Folgenden finden Sie einige Hinweise, die Sie beim Lesen der Geschichten in diesem Buch beachten sollten, um das Beste aus ihnen herauszuholen: Wenn es um das Lesen geht, sind Spaß und Erfolgserlebnisse entscheidend. Man kommt immer wieder zurück, weil man Spaß an dem hat, was man liest. Jede Geschichte von Anfang bis Ende zu lesen, ist die beste Methode, um das Lesen von Geschichten zu genießen und das Gefühl zu haben, etwas erreicht zu haben. Das Wichtigste ist also, zum Ende einer Geschichte zu gelangen. Das ist sogar noch wichtiger, als jedes einzelne Wort zu kennen.

Je mehr Sie lesen, desto mehr Wissen werden Sie erwerben. Wenn du größere Bücher zum Vergnügen liest, wirst du schnell wissen, wie Türkisch funktioniert. Denken Sie jedoch daran, dass Sie zuerst ein ausreichend großes Buch lesen müssen, um den vollen Nutzen aus einer umfangreichen Lektüre zu ziehen. Wenn Sie hier und da ein paar Seiten lesen, lernen Sie vielleicht ein paar neue Wörter, aber das wird keinen wesentlichen Unterschied in Ihrem Gesamtniveau von Türkisch machen.

Akzeptieren Sie die Tatsache, dass Sie nicht alles verstehen werden, was Sie in einem Roman lesen. Dies ist zweifellos der wichtigste Punkt! Denken Sie immer daran, dass es völlig in Ordnung ist, nicht alle Wörter oder Sätze zu verstehen. Das bedeutet nicht, dass Ihre Sprachkenntnisse unzureichend sind oder dass Sie eine schlechte Leistung erbringen. Es zeigt, dass Sie aktiv am Lernprozess beteiligt sind.

Leitfaden zum Lesen

Es ist am besten, wenn Sie für jedes Kapitel der Geschichten diesen einfachen sechsstufigen Leseprozess befolgen:

1. Lesen Sie den Titel des Kapitels. Überlegen Sie, worum es in der Geschichte gehen könnte. Lesen Sie dann die Geschichte ganz durch. Ihr Ziel ist es einfach, das Ende der Geschichte zu erreichen. Halten Sie also nicht an, um Wörter nachzuschlagen, und machen Sie sich keine Sorgen, wenn Sie etwas nicht verstehen. Versuchen Sie einfach, der Handlung zu folgen.

2. Wenn Sie das Ende der Geschichte erreicht haben, lesen Sie die deutsche Übersetzung durch, um zu sehen, ob Sie verstanden haben, was passiert ist, und nehmen Sie jeden Kontext auf, den Sie vielleicht verpasst haben.

3. Gehen Sie zurück und lesen Sie die gleiche Geschichte noch einmal. Wenn Sie möchten, können Sie sich mehr auf die Details der Geschichte konzentrieren als zuvor, aber ansonsten lesen Sie sie einfach noch einmal durch.

4. Gehen Sie anschließend die Verständnisfragen in Türkisch durch, um zu überprüfen, ob Sie die Schlüsselereignisse der Geschichte verstanden haben. Wenn Sie die Fragen nicht ganz verstehen, machen Sie sich keine Sorgen. Nutzen Sie Ihr Wissen, um so gut wie möglich zu antworten.

5. Zu diesem Zeitpunkt sollten Sie die wichtigsten Ereignisse des Kapitels einigermaßen verstanden haben. Falls nicht, sollten Sie das Kapitel einige Male anhand der Übersetzung lesen, um unbekannte Wörter und Sätze zu

überprüfen, bis Sie sich sicher fühlen.

Sobald Sie bereit sind und sicher sind, dass Sie verstanden haben, was passiert ist - egal, ob Sie die Geschichte einmal oder mehrmals gelesen haben - gehen Sie zur nächsten Geschichte über und lesen Sie die Geschichte in Ihrem eigenen Tempo weiter, so wie Sie es mit jedem anderen Buch tun würden.

Erst wenn Sie eine Geschichte vollständig gelesen haben, sollten Sie zurückgehen und die Sprache der Geschichte vertiefen, wenn Sie das möchten. Anstatt sich Sorgen zu machen, ob Sie alles verstanden haben, sollten Sie sich die Zeit nehmen, sich auf das zu konzentrieren, was Sie verstanden haben, und sich selbst zu dem beglückwünschen, was Sie geschafft haben.

Einfache

Turkishe

Kurzgeschichten

Deniz Aydin

Mersin

Mersin hiçliğin ortasında yer alan küçük bir kasabaydı. Onu özel kılan tek şey çok büyük ve **güzel bir** göle sahip olmasıydı. Her yıl yazın ilk günü Mersin'deki tüm **aileler** piknik yapmak ve sıcak havanın tadını çıkarmak için gölde toplanırdı. Özellikle bir aile, Smith'ler, bu yıllık geleneği her zaman dört gözle beklerdi. Bir an önce göle varabilmek için **sabah** erkenden arabalarını yiyecek ve içeceklerle doldururlardı. Oraya vardıklarında, battaniyelerini su kenarındaki büyük ağaçlardan birinin altına kurar ve saatlerce dinlenir, yüzer ve birlikte **oyunlar** oynarlardı. Smith'ler doğanın güzelliğiyle çevrili mutlu yerlerinde zaman **geçirmeyi** seviyorlardı; ama en önemlisi, bu anları birbirleriyle paylaşabildikleri için değer veriyorlardı - günümüzün yoğun dünyasında giderek daha nadir hale gelen bir şey.

 Mersin'de çok güzel bir gündü. Güneş parlıyordu ve kuşlar şarkı söylüyordu. Smith ailesi göle yeni **varmıştı** ve su kenarındaki büyük ağaçlardan birinin altına **battaniyelerini** kuruyorlardı. Hep birlikte kaliteli zaman geçirecekleri, yüzecekleri, oyun oynayacakları ve birbirlerinin arkadaşlığında rahatlayacakları için heyecanlıydılar. **Birden,** gölün diğer tarafından gelen yüksek sesli bir su sıçraması duydular. Arkalarını döndüklerinde büyük bir balığın sudan kıyıya

Mersin

Mersin war eine kleine Stadt, die mitten im Nirgendwo lag. Das Einzige, was sie besonders machte, war die Tatsache, dass sie einen sehr großen und **schönen** See hatte. Jedes Jahr, am ersten Sommertag, versammelten sich alle **Familien** in Mersin am See, um ein Picknick zu machen und das warme Wetter zu genießen. Eine bestimmte Familie, die Smiths, freute sich immer auf diese jährliche Tradition. Schon früh am **Morgen** beluden sie ihr Auto mit Essen und Getränken, um so schnell wie möglich zum See zu gelangen. Dort angekommen, schlugen sie ihre Decke unter einem der großen Bäume am Ufer auf und verbrachten Stunden damit, sich zu entspannen, zu schwimmen und gemeinsam **Spiele** zu spielen. Die Smiths liebten es, Zeit an ihrem glücklichen Ort zu **verbringen**, umgeben von der Schönheit der Natur; aber vor allem schätzten sie diese Momente, weil sie sie miteinander teilen konnten - etwas, das in der heutigen hektischen Welt immer seltener wird.

Es war ein wunderschöner Tag in Mersin. Die Sonne schien und die Vögel sangen. Die Familie Smith war gerade am See **angekommen** und baute ihre **Decke** unter einem der großen Bäume in der Nähe des Ufers auf. Sie freuten sich darauf, gemeinsam Zeit zu verbringen, zu schwimmen, Spiele zu spielen und

atladığını gördüler! Evinin güvenliğine geri dönmek için çırpınıyordu. Ama artık çok geçti - balık **çoktan** karaya çıkmış ve nefes nefese kalmıştı. Baba yardıma koşarken, eşi de bu nadir olayın fotoğrafını çekebilmek için kamerasını kaptı. Çocukları, bu **muhteşem** yaratığın gözlerinin önünde yaşam mücadelesi vermesini huşu içinde izliyordu. O anda, bir aile olarak bu kadar özel bir şeyi birlikte **deneyimleyebildikleri** için ne kadar şanslı olduklarını fark ettiler. Birkaç dakika sonra balık **hareket etmeyi** bıraktı ve öldüğü anlaşıldı.

Baba üzgün hissetti ama aynı zamanda böyle nadir bir olayı görebildiği için minnettar oldu. Çocuklarının bu günü asla unutmayacağını biliyordu. Ayrılmak üzere **toparlanırlarken,** anne su kenarında garip bir **şey** fark etti. İlk balığın yanında yerde yatan başka bir balık varmış gibi görünüyordu.

sich einfach nur in der Gesellschaft des anderen zu entspannen. **Plötzlich** hörten sie ein lautes Platschen von der anderen Seite des Sees. Sie drehten sich um und sahen, wie ein großer Fisch aus dem Wasser an das Ufer sprang! Er schlug um sich und versuchte, in die Sicherheit seines Zuhauses zurückzukehren. Aber es war zu spät - der Fisch war **bereits** an Land und schnappte nach Luft. Der Vater rannte hinüber, um zu helfen, während seine Frau sich die Kamera schnappte, um dieses seltene Ereignis zu fotografieren. Die Kinder sahen staunend zu, wie dieses **erstaunliche** Geschöpf vor ihren Augen um sein Leben kämpfte. In diesem Moment wurde ihnen bewusst, wie viel Glück sie hatten, dass sie als Familie etwas so Besonderes **erleben durften**. Nach ein paar Minuten hörte der Fisch auf, **sich zu bewegen**, und es war klar, dass er tot war.

Der Vater war traurig, aber auch dankbar, dass er ein so seltenes Ereignis miterleben durfte. Er wusste, dass seine Kinder diesen Tag nie vergessen würden. Als sie **zusammenpackten**, um zu gehen, bemerkte die Mutter **etwas** Seltsames in der Nähe des Ufers. Es sah aus, als läge ein weiterer Fisch neben dem ersten auf dem Boden.

Anlama soruları

1. Mersin nerede bulunuyordu?

2. Mersin'i özel kılan neydi?

3. Mersin'deki aileler hangi yıllık geleneğe katılırlardı?

4. Smith ailesi yıllık gelenekleri hakkında ne hissediyordu?

5. Gölün diğer tarafından gelen yüksek sesli bir su sıçraması duyduklarında aile ne yaptı?

6. Ayrılmak için toparlanırlarken anne neyi fark etti?

7. Balığı kurtardıktan sonra babanın duyguları neydi?

8. Anne neden kocasını çağırdı?

9. Balığı nasıl canlandırdılar?

Fragen zum Verständnis

1. Wo befand sich Mersin?

2. Was ist das Besondere an Mersin?

3. An welcher jährlichen Tradition haben die Familien in Mersin teilgenommen?

4. Was hielt die Familie Smith von ihrer jährlichen Tradition?

5. Was tat die Familie, als sie ein lautes Platschen von der anderen Seite des Sees hörte?

6. Was hat die Mutter bemerkt, als sie zusammenpackten, um zu gehen?

7. Was waren die Gefühle des Vaters, nachdem er den Fisch gerettet hatte?

8. Warum hat die Mutter nach ihrem Mann gerufen?

9. Wie haben sie den Fisch wiederbelebt?

Trabzon

Trabzon şehri Türkiye'nin kuzeydoğu kesiminde yer almaktadır. Zengin bir tarihe sahip **güzel bir** yerdir. Şehir 2.000 yılı aşkın bir süredir iskân edilmiş ve birçok **farklı** medeniyet tarafından yönetilmiştir. Bugün Trabzon, 1 milyondan fazla nüfusa sahip modern bir şehirdir. Ancak, eski dünya cazibesini hala korumaktadır. Trabzon'daki en popüler turistik yerlerden biri **Sümela** Manastırı'dır. Bu manastır bir dağın yamacına inşa edilmiştir ve sadece dik bir patikada yürüyüş yapılarak ulaşılabilmektedir. **Manastırın** manzarası nefes kesicidir ve oraya ulaşmak için harcanan çabaya değer!

Trabzon'da görülmesi gereken bir diğer yer de Atatürk Köşkü'dür. Bu köşk bir zamanlar modern Türkiye'nin kurucusu Mustafa Kemal Atatürk'e ev sahipliği yapmıştır. **Ziyaretçiler Atatürk'ün** yaşadığı odaları gezebilir ve Türkiye'nin cumhurbaşkanı olduğu dönemde nasıl yaşadığını görebilirler. Dinlenmek ve açık havanın tadını çıkarmak için bir yer arıyorsanız, Trabzon mükemmel bir **yerdir**. Şehir genelinde çok sayıda park ve bahçe bulunmaktadır. En popüler parklardan biri, Roma tarzı bir amfitiyatroya sahip olan Forum Tarihi'dir. Bu park aynı zamanda birkaç restoran ve kafeye de ev sahipliği yapmakta olup, öğleden

Trabzon

Die Stadt Trabzon befindet sich im nordöstlichen Teil der Türkei. Sie ist ein **schöner** Ort mit einer reichen Geschichte. Die Stadt ist seit über 2.000 Jahren bewohnt und wurde von vielen **verschiedenen** Zivilisationen beherrscht. Heute ist Trabzon eine moderne Stadt mit einer Bevölkerung von über 1 Million Menschen. Dennoch hat sie sich ihren Charme der alten Welt bewahrt. Eine der beliebtesten Touristenattraktionen in Trabzon ist das Sumela-Kloster. Dieses Kloster wurde in einen Berghang gebaut und ist nur über einen steilen Pfad zu erreichen. Die Aussicht vom **Kloster** ist atemberaubend und die Mühe des Aufstiegs auf jeden Fall wert!

Eine weitere Sehenswürdigkeit in Trabzon ist die Atatürk-Villa. Diese Villa war einst das Zuhause von Mustafa Kemal Atatürk, dem Gründer der modernen Türkei. **Besucher** können die Räume besichtigen, in denen Atatürk lebte, und sehen, wie er während seiner Zeit als Präsident der Türkei lebte. Wenn Sie auf der Suche nach einem Ort sind, an dem Sie sich entspannen und die Natur genießen können, ist Trabzon das perfekte **Ziel**. In der ganzen Stadt gibt es zahlreiche Parks und Gärten. Einer der beliebtesten Parks ist das Forum Tarihi, das ein

sonrayı geçirmek için mükemmel bir yerdir. Trabzon lezzetli yemekleriyle de bilinmektedir. Şehirde hem yerel hem de **uluslararası** yemekler sunan çok **çeşitli** restoranlar bulunmaktadır. Kebap, pide ve baklava gibi geleneksel Türk yemeklerinden bazılarını mutlaka deneyin.

Trabzon'a yapılacak hiçbir ziyaret, **doğada** bir gezintiye çıkmadan tamamlanmış sayılmaz. Trabzon'u çevreleyen bölge birbirinden güzel **dağlar,** ormanlar ve nehirlerle doludur. Bu bölgede muhteşem manzaralar sunan çok sayıda yürüyüş parkuru bulunmaktadır. Eğer **maceraperest** hissediyorsanız, yakındaki nehirlerden birinde beyaz su raftingi bile yapabilirsiniz! İster tarihle, ister yemekle, ister doğayla ilgilenin, Trabzon'da herkes için bir şeyler var. Bu şehir **kaçırılmaması** gereken gerçekten eşsiz bir yer! Trabzon seyahatinizi planlarken Sümela Manastırı Otel'de bir oda ayırtmayı unutmayın. Bu otel **manastırın** hemen yanında yer almaktadır ve şehrin muhteşem manzaralarını sunmaktadır.

Amphitheater im römischen Stil beherbergt. Der Park beherbergt auch mehrere Restaurants und Cafés und ist somit der perfekte Ort, um einen Nachmittag zu verbringen. Trabzon ist auch für sein köstliches Essen bekannt. In der Stadt gibt es eine große **Auswahl** an Restaurants, die sowohl lokale als auch **internationale** Küche anbieten. Probieren Sie unbedingt einige der traditionellen türkischen Gerichte, wie Kebab, Pide (eine Art Fladenbrot) und Baklava (ein süßes Gebäck).

Ein Besuch in Trabzon wäre nicht vollständig, ohne einen Ausflug in die **Natur zu** unternehmen. Die Region um Trabzon ist voll von wunderschönen **Bergen**, Wäldern und Flüssen. Es gibt viele Wanderwege in dieser Gegend, die atemberaubende Ausblicke auf die Landschaft bieten. Wenn Sie sich **abenteuerlustig fühlen**, können Sie sogar Wildwasser-Rafting auf einem der nahe gelegenen Flüsse machen! Ob Sie sich für Geschichte, Essen oder Natur interessieren, Trabzon hat für jeden etwas zu bieten. Diese Stadt ist ein wirklich einzigartiger Ort, den man nicht **verpassen sollte**! Wenn Sie Ihre Reise nach Trabzon planen, sollten Sie unbedingt ein Zimmer im Sumela Monastery Hotel buchen. Dieses Hotel befindet sich direkt neben dem **Kloster** und bietet einen atemberaubenden Blick auf die Stadt.

Anlama soruları

1. Metinde geçen şehrin adı nedir?

2. Şehir hangi ülkede yer almaktadır?

3. Şehrin nüfusu ne kadardır?

4. Şehirdeki en popüler turistik yerlerden biri nedir?

5. Roma tarzı bir amfi tiyatronun bulunduğu parkın adı nedir?

6. Manastırın yanında bulunan otelin adı nedir?

7. Modern Türkiye'nin kurucusunun adı nedir?

8. Kebaplardan yapılan geleneksel Türk yemeğinin adı nedir?

Fragen zum Verständnis

1. Wie lautet der Name der Stadt im Text?

2. In welchem Land befindet sich die Stadt?

3. Wie hoch ist die Einwohnerzahl der Stadt?

4. Was ist eine der beliebtesten Touristenattraktionen in der Stadt?

5. Wie heißt der Park mit dem Amphitheater im römischen Stil?

6. Wie heißt das Hotel, das sich neben dem Kloster befindet?

7. Wie lautet der Name des Gründers der modernen Türkei?

8. Wie heißt das traditionelle türkische Gericht, das aus Schaschliks besteht?

Türkiye'nin Kalbi

Türkiye'nin Kalbi, ormanın derinliklerinde özel bir yerdi. Eğer kalbi bulursanız, size bir dilek hakkı verileceği söylenirdi. Ama şimdiye kadar hiç kimse onu bulamamıştı... ta ki şimdiye kadar. 10 yaşındaki Lily ve ailesi Türkiye'de **tatildeydi. Ormanı** keşfederken, bir ağaç gövdesine gömülü garip bir taş kalbe rastladı. Onu üç kez ovaladı ve dileğini diledi: yıllardır görmediği büyükanne ve **büyükbabasını** tekrar görmek. Birdenbire yer sallanmaya başladı ve ağaç gittikçe uzamaya başladı, ta ki Lily ayaklarından havaya kalkana kadar! Sonunda hareket etmeyi **bıraktığında,** kendini tanıdık yüzlerle çevrili **güzel bir** bahçenin içinde buldu - büyükanne ve büyükbabası!

 Ona sıkıca sarıldılar ve Türkiye'nin kalbinin parıldayan ışıkları arasından evine götürmeden önce onu ne kadar sevdiklerini söylediler. Lily'nin dileği gerçekleşmişti! **Büyükanne ve büyükbabasını** tekrar görebildiği ve onlarla vakit geçirebildiği için çok mutluydu. Ama bunun hayatta bir kez eline geçecek bir fırsat olduğunu da biliyordu ve bunu en iyi şekilde değerlendirmek **istiyordu.** Lily her gün büyükanne ve büyükbabasıyla birlikte bahçeyi keşfediyordu. Çiçek topluyor, kelebekleri kovalıyor ve hatta birlikte ağaçlara tırmanıyorlardı. Bu Lily'nin asla unutamayacağı en güzel tatildi. Sonunda

Das Herz der Türkei

Das Herz der Türkei war ein besonderer Ort, tief im Wald. Es hieß, wenn man das Herz findet, wird einem ein Wunsch erfüllt. Aber niemand hatte es je finden können... bis jetzt. Die 10-jährige Lily und ihre Familie waren im **Urlaub** in der Türkei. Als sie den **Wald** erkundete, stieß sie auf ein seltsames Steinherz, das in einen Baumstamm eingelassen war. Sie rieb es dreimal und wünschte sich, ihre **Großeltern** wiederzusehen, die sie seit Jahren nicht mehr gesehen hatte. Plötzlich begann der Boden zu beben und der Baum wurde immer höher und höher, bis Lily von ihren Füßen in die Luft gehoben wurde! Als sie sich schließlich **nicht mehr** bewegte, fand sie sich in einem **wunderschönen** Garten wieder, umgeben von vertrauten Gesichtern - ihren Großeltern!

Sie umarmten sie fest und sagten ihr, wie sehr sie sie liebten, bevor sie sie durch die glitzernden Lichter im Herzen der Türkei nach Hause führten. Lilys Wunsch war in Erfüllung gegangen! Sie war so glücklich, dass sie ihre **Großeltern** wiedersehen und Zeit mit ihnen verbringen konnte. Aber sie wusste auch, dass dies eine einmalige Gelegenheit war, und sie **wollte das** Beste daraus machen. Jeden Tag erkundete Lily mit ihren Großeltern den Garten. Sie pflückten Blumen,

Lily'nin büyükanne ve büyükbabasına **veda edip** eve dönme zamanı geldi. Ayrıldığı için üzgündü ama onların her zaman kalbinde olacağını biliyordu. Ve yakında tekrar gelip onları ziyaret edeceğine söz verdi. **Türkiye'nin** Kalbi Lily'ye en güzel hediyeyi vermişti - sevdikleriyle bir kez daha vakit geçirme şansı. Bunun için ve ömür boyu sürecek mutlu **anıları için minnettardı.**

Lily'nin hikayesi hızla tüm Türkiye'ye yayıldı ve kısa sürede herkes Türkiye'nin Kalbi ve onun **sihirli** güçleri hakkında konuşmaya başladı. Dünyanın dört bir yanından insanlar kendi dileklerini gerçekleştirme umuduyla ziyarete geldi. Kalp pek çok insana mutluluk getirmişti ve bunların hepsi Lily sayesinde olmuştu. Dünyadaki en özel yeri bulmuş ve büyüsünü herkesle paylaşmıştı. **Türkiye'nin** kalbi Lily için her zaman özel bir yer olacak. Orada bir dilek tuttu ve bu dilek en **muhteşem** şekilde gerçekleşti. Büyükannesi ve büyükbabasıyla geçirdiği zamanı her düşündüğünde hissettiği ve hissetmeye devam ettiği **mutluluğu** asla unutmayacak.

jagten Schmetterlinge und kletterten sogar gemeinsam auf Bäume. Es war der beste Urlaub aller Zeiten - einer, den Lily nie vergessen würde. Schließlich kam die Zeit, in der Lily sich von ihren Großeltern verabschieden und nach Hause zurückkehren musste. Sie war traurig, sie zu verlassen, aber sie wusste, dass sie immer in ihrem Herzen sein würden. Und sie schwor sich, sie bald wieder zu besuchen. Das Herz der **Türkei** hatte Lily das schönste Geschenk von allen gemacht - die Chance, noch einmal Zeit mit ihren Lieben zu verbringen. Dafür war sie dankbar, und für die glücklichen **Erinnerungen**, die ein Leben lang halten würden.

Lilys Geschichte verbreitete sich schnell in der ganzen Türkei, und bald sprach jeder über das Herz der Türkei und seine **magischen** Kräfte. Menschen aus der ganzen Welt kamen zu Besuch, in der Hoffnung, dass ihre eigenen Wünsche in Erfüllung gehen würden. Das Herz hatte so vielen Menschen Glück gebracht, und das alles war Lilys Verdienst. Sie hatte den außergewöhnlichsten Ort der Welt gefunden und teilte seinen Zauber mit allen. Das Herz der **Türkei** wird immer ein besonderer Ort für Lily sein. Dort hatte sie ihren Wunsch geäußert, und er ging auf **erstaunliche Weise in Erfüllung**. Sie wird nie das Glück vergessen, das sie empfand - und immer noch empfindet -, wenn sie an die Zeit denkt, die sie **mit ihren** Großeltern verbracht hat.

Anlama soruları

1. Lily'nin dileği neydi?

2. Lily'nin dileği nasıl gerçekleşti?

3. Lily her gün büyükanne ve büyükbabasıyla ne yapıyordu?

4. Lily'nin hikayesi neden tüm Türkiye'de hızla yayıldı?

5. Lily'nin hikayesinden bir hatırlatma nedir?

6. Türkiye'nin Kalbi nerede bulunuyordu?

7. Türkiye'nin Kalbi'ni bulsaydınız ne olurdu?

8. Türkiye'nin Kalbi'ni bulan ilk kişi kimdir?

9. Lily, Türkiye'nin Kalbi'ni bulduğunda kaç yaşındaydı?

Fragen zum Verständnis

1. Was war Lilys Wunsch?

2. Wie ist Lilys Wunsch in Erfüllung gegangen?

3. Was hat Lily jeden Tag mit ihren Großeltern gemacht?

4. Warum wurde Lilys Geschichte schnell in der Türkei verbreitet?

5. Was ist eine Erinnerung aus Lilys Geschichte?

6. Wo befand sich das Herz der Türkei?

7. Was würde passieren, wenn du das Herz der Türkei finden würdest?

8. Wer war der erste Mensch, der das Herz der Türkei gefunden hat?

9. Wie alt war Lily, als sie das Herz der Türkei fand?

Türk Lokumları

Türk Lokumunu ilk kez İstanbul'da sıcak bir yaz gününde yemiştim. Sıcaklık o kadar **yoğundu** ki hava pekmezden yapılmış gibi hissediliyordu. O lezzetli görünen şekerlerden elime bir tane geçirebilseydim, dünya biraz daha serin olurdu diye düşündüğümü hatırlıyorum. Dükkâna girdim ve onları hemen fark ettim: güneş ışığında **parlayan** sıra sıra renkli şekerler. Ne seçeceğimi bilemediğim için tezgâhın arkasındaki kadına tavsiyesini sordum. Gülümsedi ve bana bir kutu gül aromalı lokum uzattı. Bir ısırık alır almaz müptelası oldum. Şekerlemenin **tatlılığı** gül kokusuyla **birleştiğinde** daha önce deneyimlediğim hiçbir şeye benzemiyordu. O zamandan beri lokumlar en sevdiğim ikramlardan biri oldu!

Türk Lokumu ile İstanbul'da yaşadığım dönemde tanıştım. Türkiye'den bir arkadaşım ne zaman ziyaretime gelse bana mutlaka bir kutu getirirdi. İlk başta ne yapacağımdan emin değildim. Çok garip görünüyorlardı, içinde fındık ve baharatlar olan küçük jöle küpleri gibi. Ama bir kez tadına bakınca, müptelası oldum. Tatlı ve **tuzlu** tatların birleşimi daha önce yediğim hiçbir şeye benzemiyordu. Ve dokusu! Tarif etmesi zor ama şimdiye kadar **deneyimlediğim**

Türkische Köstlichkeiten

Das erste Mal, dass ich Turkish Delight gegessen habe, war an einem heißen Sommertag in Istanbul. Die Hitze war so **groß**, dass sich die Luft anfühlte, als sei sie aus Melasse gemacht. Ich weiß noch, dass ich dachte, wenn ich nur ein paar dieser köstlich aussehenden Bonbons in die Finger bekäme, wäre die Welt ein bisschen kühler. Ich betrat den Laden und sah sie sofort: Reihenweise bunte Bonbons, die im Sonnenlicht **glitzerten**. Ich wusste nicht, was ich nehmen sollte, also fragte ich die Frau hinter dem Tresen nach ihrer Empfehlung. Sie **lächelte** und reichte mir eine Schachtel mit türkischen Köstlichkeiten mit Rosengeschmack. Kaum hatte ich einen Bissen genommen, war ich süchtig. Die **Süße** der Bonbons **in Verbindung** mit dem Duft von Rosen war etwas, das ich noch nie zuvor erlebt hatte. Seitdem gehören Turkish Delights zu meinen Lieblingsnaschereien!

Ich lernte Turkish Delights kennen, als ich in Istanbul lebte. Eine Freundin, die aus der Türkei stammt, brachte mir immer eine Schachtel mit, wenn sie zu Besuch kam. Zuerst war ich mir nicht sicher, was ich von ihnen halten sollte. Sie sahen so seltsam aus, wie kleine Geleewürfel mit Nüssen und Gewürzen

hiçbir şeye benzemiyor. Lokum kesinlikle edinilmesi gereken bir tat, ancak bir kez edindiğinizde ömür boyu bağımlısı olacaksınız! Arkadaşlarım geldiğinde her zaman elimde bir ya da iki kutu bulundurmaya özen gösteriyorum. Her zaman yeni **bir şeyler** denemeyi severler ve Turkish Delights asla etkilemekte başarısız olmaz. Eğer siz de damak tadınıza hitap edecek eşsiz bir lezzet arıyorsanız, Turkish Delights'tan başkasına bakmayın! Yakın zamanda yeni bir Türk Lokumu çeşidiyle tanıştım: portakal çiçeği. İlk başta şüpheyle yaklaştım. Gül aromalı lokumların **mükemmelliği** nasıl daha iyi **olabilirdi ki?** Ama oğlum, yanılmışım! Portakal çiçeği çeşidi orijinalinden bile daha **lezzetli.** Daha önce bağımlısı olduğunuzu düşünüyorsanız, bu yeni lezzeti deneyene kadar bekleyin! Eğer gerçekten eşsiz ve egzotik bir lezzet arıyorsanız, Turkish Delights'tan başkasına bakmayın.

darin. Aber sobald ich sie probiert hatte, war ich süchtig danach. Die Kombination aus süßem und **herzhaftem** Geschmack war anders als alles, was ich je zuvor gegessen hatte. Und die Konsistenz! Es ist schwer zu beschreiben, aber so etwas habe ich noch nie **erlebt**. Turkish Delights sind definitiv ein gewöhnungsbedürftiger Geschmack, aber wenn man sie einmal probiert hat, wird man für immer süchtig danach sein! Ich stelle immer sicher, dass ich ein oder zwei Schachteln auf Lager habe, wenn Freunde zu Besuch kommen. Sie lieben es, **etwas** Neues zu probieren, und Turkish Delights beeindrucken sie immer wieder aufs Neue. Wenn Sie auf der Suche nach einer einzigartigen Leckerei sind, die Ihre Geschmacksknospen verwöhnt, dann sind Sie bei Turkish Delights genau richtig! Vor kurzem wurde mir eine neue Geschmacksrichtung von Turkish Delight vorgestellt: Orangenblüte. Zuerst war ich skeptisch. Ich meine, wie könnte **etwas die Perfektion von** Turkish Delights mit Rosengeschmack noch übertreffen? Aber Junge, ich habe mich getäuscht! Die Variante mit Orangenblüten ist sogar noch **köstlicher** als das Original. Wenn Sie schon dachten, Sie wären süchtig, dann warten Sie nur, bis Sie diese neue Geschmacksrichtung probiert haben! Wenn Sie auf der Suche nach einer wirklich einzigartigen und exotischen Leckerei sind, sind Sie bei Turkish Delights genau richtig.

Anlama soruları

1. Yazar İstanbul'un havası hakkında ne diyor?

2. Yazar bir lokum dükkanına ilk ziyaretinde ne satın almıştır?

3. Yazar lokumların dokusu hakkında ne söylüyor?

4. Yazarın en sevdiği Türk Lokumu çeşidi nedir?

5. Yazarın portakal çiçeği aromalı lokumlara ilk tepkisi ne oldu?

6. Yazar, Türk Lokumları hakkında bağımlılık yapan şeyin ne olduğunu söylüyor?

7. Yazar, Türk Lokumu arayanlara ne tavsiye ediyor?

8. Yazar, pazarcı kadının gül aromalı lokum isteğine verdiği tepki hakkında ne söylüyor?

Fragen zum Verständnis

1. Was sagt der Autor über die Luft in Istanbul?

2. Was hat die Autorin bei ihrem ersten Besuch in einem Turkish Delight Shop gekauft?

3. Was sagt der Autor über die Beschaffenheit von Turkish Delights?

4. Welches ist die Lieblingsgeschmacksrichtung des Autors von Turkish Delight?

5. Was war die erste Reaktion des Autors auf Turkish Delights mit Orangenblütengeschmack?

6. Was sagt der Autor über Turkish Delights, das süchtig macht?

7. Was empfiehlt die Autorin Turkish Delights den Suchenden?

8. Was sagt der Autor über die Reaktion der Marktfrau auf seine Bitte um türkische Köstlichkeiten mit Rosengeschmack?

Türkiye'de Bir Amerikalı

Türkiye'ye ilk kez geliyordum ve ülkeyi keşfedeceğim için heyecanlıydım. Türkiye'nin kültürü ve tarihi her zaman **ilgimi çekmişti** ve şimdi nihayet bunu ilk elden deneyimleyebilecektim. Ailem ve ben İstanbul'a vardık ve şehrin güzelliği karşısında **hemen etkilendik.** İlk birkaç günümüzü çarpıcı mimarisinden **lezzetli** yemeklerine kadar İstanbul'un sunduğu her şeyi keşfederek geçirdik. Türkiye'deki üçüncü günümüzde İstanbul'un dışına çıkmaya ve **ülkenin** diğer bölgelerini keşfetmeye karar verdik. Bir araba kiralayıp Antalya'ya gittik ve burada sahilde dinlenerek birkaç gün geçirdik. Hava mükemmeldi ve orada geçirdiğimiz her dakikanın **tadını çıkardık.** Antalya'da birkaç gün geçirdikten sonra İstanbul'a doğru geri dönmeye başladık.

Yol boyunca Efes ve Truva da **dahil olmak üzere** birkaç **farklı** tarihi yerde durduk. Daha önce hakkında sadece bir şeyler okuduğum bu yerleri görmek inanılmazdı; yaşayan tarih kitaplarının hayata geçmesi gibiydi. Gezimiz çok erken sona erdi, ancak Türkiye'den ömür boyu sürecek harika anılarla (ve bolca fotoğrafla) ayrıldık. Sonunda Türkiye'yi ziyaret edebildiğim için çok heyecanlıydım. **Türk** kültürü ve

Ein Amerikaner in der Türkei

Ich war das erste Mal in der Türkei und freute mich darauf, das Land zu erkunden. Ich hatte **mich** schon immer für die Kultur und die Geschichte der Türkei **interessiert**, und nun würde ich sie endlich aus erster Hand erfahren können. Meine Familie und ich kamen in Istanbul an und waren **sofort** von der Schönheit der Stadt beeindruckt. Die ersten Tage verbrachten wir damit, alles zu erkunden, was Istanbul zu bieten hatte, von der atemberaubenden Architektur bis hin zum **köstlichen** Essen. An unserem dritten Tag in der Türkei beschlossen wir, Istanbul zu verlassen und einige andere Teile des **Landes** zu erkunden. Wir mieteten ein Auto und fuhren nach Antalya, wo wir ein paar Tage am Strand entspannten. Das Wetter war perfekt und wir **genossen** jede Minute unserer Zeit dort. Nach ein paar Tagen in Antalya machten wir uns wieder auf den Weg nach Istanbul.

Auf dem Weg dorthin hielten wir an **verschiedenen** historischen Stätten, **darunter** Ephesus und Troja. Es war unglaublich, diese Orte zu sehen, über die ich bisher nur gelesen hatte; sie fühlten sich an wie lebendige Geschichtsbücher, die zum Leben erwachten. Unsere Reise ging viel zu schnell zu

tarihi her zaman ilgimi çekmişti ve şimdi bunu ilk elden deneyimleyebilecektim. Ailem ve ben İstanbul'a vardık ve şehrin güzelliği karşısında **hemen etkilendik.**

İlk birkaç günümüzü **çarpıcı** mimarisinden lezzetli yemeklerine kadar İstanbul'un sunduğu her şeyi keşfederek geçirdik. Türkiye'deki üçüncü günümüzde İstanbul'un dışına çıkmaya ve ülkenin diğer bölgelerini keşfetmeye karar verdik. Bir araba kiraladık ve birkaç günümüzü dinlenerek geçirdiğimiz Antalya'ya gittik. Hava mükemmeldi ve orada geçirdiğimiz her dakikanın tadını çıkardık. Antalya'da birkaç gün geçirdikten sonra İstanbul'a doğru geri dönmeye başladık. Yol boyunca Efes ve Truva da dahil olmak üzere birkaç farklı **tarihi yerde** durduk. Daha önce sadece okumuş olduğum bu yerleri görmek inanılmazdı; yaşayan tarih kitaplarının hayata geçmesi gibi hissettim.

Ende, aber wir verließen die Türkei mit wunderbaren Erinnerungen (und vielen Fotos), die uns ein Leben lang begleiten werden. Ich war so aufgeregt, dass ich endlich die Türkei besuchen konnte. Ich hatte mich schon immer für die **türkische** Kultur und Geschichte interessiert, und nun würde ich sie aus erster Hand erleben können. Meine Familie und ich kamen in Istanbul an und waren **sofort** von der Schönheit der Stadt beeindruckt. Die ersten Tage verbrachten wir damit, alles zu erkunden, was Istanbul zu bieten hatte, von der **atemberaubenden** Architektur bis hin zum köstlichen Essen. An unserem dritten Tag in der Türkei beschlossen wir, Istanbul zu verlassen und einige andere Teile des Landes zu erkunden. Wir mieteten ein Auto und fuhren nach Antalya, wo wir ein paar Tage zum Entspannen verbrachten. Das Wetter war perfekt und wir genossen jede Minute unserer Zeit dort. Nach ein paar Tagen in Antalya machten wir uns auf den Weg zurück nach Istanbul. Auf dem Weg dorthin hielten wir an verschiedenen **historischen** Stätten, darunter Ephesus und Troja. Es war unglaublich, diese Orte zu sehen, über die ich bisher nur gelesen hatte; sie fühlten sich an wie lebendige Geschichtsbücher, die zum Leben erwachten.

Anlama soruları

1. Yazarın İstanbul hakkındaki ilk izlenimi neydi?

2. Yazar Türkiye'deki üçüncü gününde ne yapmıştır?

3. Yazar Antalya'dan sonra nereye gitti?

4. Efes'i görünce yazarın tepkisi ne oldu?

5. Yazarın Türkiye'deki son gününde son durağı neresiydi?

6. Yazar neden seyahatlerini her zaman hatırlayacak?

7. Yazarın Türkiye'deki son gün için hedefi neydi?

8. Yazar Troya hakkında ne düşünüyor?

9. İstanbul'da şehrin ışıklarını canlandıran neydi?

Fragen zum Verständnis

1. Was war der erste Eindruck des Autors von Istanbul?

2. Was hat der Autor am dritten Tag in der Türkei gemacht?

3. Wohin ist der Autor nach Antalya gegangen?

4. Was war die Reaktion des Autors, als er Ephesus sah?

5. Was war die letzte Station des Autors am letzten Tag in der Türkei?

6. Warum wird sich der Autor immer an seine Reise erinnern?

7. Was war das Ziel des Autors für den letzten Tag in der Türkei?

8. Was hielt der Autor von Troja?

9. Was hat die Lichter der Stadt Istanbul zum Leben erweckt?

Kapadokya'nın Harikaları

Güneş ufukta batıyordu ve ışığın son huzmeleri Kapadokya **antik** kentinin üzerinde parlıyordu. Şehir, uçsuz bucaksız bir çölün ortasında yüksek bir plato üzerine kurulmuştu. **Yüzyıllar** boyunca savaştan ya da zulümden kaçan insanların sığındığı bir yer olmuş. Şimdi ise bir turizm **merkezi** ve dünyanın dört bir yanından insanlar eşsiz manzarasını görmek için geliyor. Şehir, dev eller tarafından oyulmuş gibi görünen garip kaya oluşumlarıyla doluydu. Hatta bazıları **oyulmuş** ve ev ya da kilise olarak kullanılmış. Ayrıca ilk yerleşimciler tarafından düşman saldırılarından kaçmak için kazılmış yeraltı şehirleri de vardı. Şehrin dört bir yanında, gökyüzünde süzülen sıcak hava **balonları** ziyaretçilere bu muhteşem yerin kuşbakışı manzarasını sunuyordu. Gece çöktüğünde, balonlardan gelen ışıklar tüm şehri **aydınlatarak bir** peri masalından çıkmış gibi görünmesini sağlıyordu.

Gece çöktüğünde balonların ışıkları tüm şehri aydınlatarak bir peri masalından çıkmış gibi görünmesini sağladı. Sokaklar boştu ve havada bir huzur hissi vardı. **Birden büyük** bir gürültü koptu ve yer sallanmaya başladı. Yerde oluşan devasa çatlakları gören insanlar panik içinde evlerinden dışarı koşmaya

Wunder von Kappadokien

Die Sonne ging gerade über dem Horizont unter,
und die letzten Lichtstrahlen schienen auf die **antike**
Stadt Kappadokien. Die Stadt wurde auf einem
Hochplateau inmitten einer riesigen Wüste erbaut. Seit
Jahrhunderten ist sie ein Zufluchtsort für Menschen,
die vor Krieg oder Verfolgung fliehen. Heute ist sie
ein **Touristenziel**, und Menschen aus der ganzen
Welt kommen, um ihre einzigartige Landschaft zu
sehen. Die Stadt war voller seltsamer Felsformationen,
die aussahen, als seien sie von Riesenhänden
gemeißelt worden. Einige von ihnen wurden sogar
ausgehöhlt und als Häuser oder Kirchen genutzt.
Es gab auch unterirdische Städte, die von frühen
Siedlern ausgegraben worden waren, um feindlichen
Angriffen zu entgehen. Rund um die Stadt schwebten
Heißluftballons in den Himmel und ermöglichten den
Besuchern einen Blick aus der Vogelperspektive auf
diesen erstaunlichen Ort. Bei Einbruch der Dunkelheit
beleuchteten die Lichter der Ballons die ganze Stadt
und ließen sie wie ein Märchen erscheinen.

Als die Nacht hereinbrach, erleuchteten die Lichter
der Ballons die ganze Stadt und ließen sie wie ein
Märchen aussehen. Die Straßen waren leer und

başladılar. Bazıları toprak tarafından yutuldu, diğerleri ise düşen kayalar tarafından ezildi. Şehir bir depremle yerle bir oluyordu ama mucizevi bir şekilde hiçbir insan zarar görmedi. Hepsi orada durmuş, evlerinin ve **geçim kaynaklarının** gözlerinin önünde parçalanışını izliyordu. Şafak sökerken, hayatta kalanlar hasarı değerlendirmeye başladı. Binaların çoğu yıkılmıştı ama neyse ki hiç can kaybı olmamıştı. Gidecek başka yerleri olmadığı için evlerini ve işyerlerini yeniden inşa etmeye karar verdiler. Bu uzun bir süreç olacaktı ama **Kapadokya'yı** yeniden kalkındırmaya **kararlıydılar.** Ve böylece, sıkı çalışma ve kararlılıkla, şehir yavaş yavaş küllerinden doğmaya başladı. Birkaç yıl sonra Kapadokya yeniden gelişen bir şehir oldu.

es lag ein Gefühl von Frieden in der Luft. **Plötzlich gab** es einen lauten Knall und der Boden begann zu beben. Die Menschen rannten in Panik aus ihren Häusern, als sie sahen, dass sich riesige Risse im Boden auftaten. Einige von ihnen wurden von der Erde verschluckt, andere wurden von herabfallenden Steinen zerquetscht. Die Stadt wurde von einem Erdbeben **zerstört**, aber wie durch ein Wunder wurde niemand verletzt. Sie alle standen da und sahen zu, wie ihre Häuser und **Lebensgrundlagen** vor ihren Augen zusammenbrachen. Als die Dämmerung anbrach, begannen die Überlebenden, den Schaden zu begutachten. Die meisten Gebäude waren zerstört worden, aber glücklicherweise gab es keine Todesopfer. Da sie **nirgendwo** anders hin konnten, beschlossen sie, ihre Häuser und Geschäfte wiederaufzubauen. Es würde ein langer Prozess sein, aber sie waren **entschlossen**, **Kappadokien wieder zum** Blühen zu bringen. Und so begann die Stadt mit harter Arbeit und Entschlossenheit, sich langsam aus ihrer Asche zu erheben. Ein paar Jahre später war Kappadokien wieder eine blühende Stadt.

Anlama soruları

1. Kapadokya şehri neyin üzerine kurulmuştur?

2. Kapadokya tarih boyunca ne için kullanılmıştır?

3. İnsanlar Kapadokya'da neleri görmek için dünyanın dört bir yanından geliyor?

4. Kapadokya'nın benzersiz özelliklerinden bazıları nelerdir?

5. Kapadokya şehri geceleri nasıldır?

6. Deprem olduğunda Kapadokya'ya ne oldu?

7. Kapadokya halkı yıkıma nasıl tepki gösterdi?

8. Kapadokya halkı kentlerini yeniden inşa etmek için ne yaptı?

Fragen zum Verständnis

1. Auf was ist die Stadt Kappadokien gebaut?

2. Wozu wurde Kappadokien im Laufe der Geschichte genutzt?

3. Was wollen die Menschen aus der ganzen Welt in Kappadokien sehen?

4. Was sind einige der einzigartigen Merkmale Kappadokiens?

5. Wie sieht die Stadt Kappadokien bei Nacht aus?

6. Was geschah mit Kappadokien, als ein Erdbeben stattfand?

7. Wie reagierten die Menschen in Kappadokien auf die Zerstörung?

8. Was taten die Menschen in Kappadokien, um ihre Stadt wieder aufzubauen?

Efes

Efes bir zamanlar hayat ve faaliyet dolu, hareketli bir şehirdi. Ama şimdi hayalet bir şehir. Duyulabilen tek ses, **boş** sokaklarda esen rüzgâr. Sanki şehir zaman içinde **donmuş gibi.** Efes'e tam olarak ne olduğunu kimse bilmiyor. Bir gün öylece yok oldu. İnsanlar, binalar, her şey iz bırakmadan ortadan kayboldu. Bazıları kentin öfkeli bir tanrı tarafından lanetlendiğini, bazıları ise yeryüzü tarafından yutulduğunu söylüyor. **Her ne olduysa,** Efes artık bir anıdan başka bir şey değil. Ancak kentin yok olmadığını söyleyenler de var. Onu rüyalarında ya da gözlerinin ucuyla gördüklerini **iddia** ediyorlar.

Kimse nerede olduğundan ya da oraya nasıl gidileceğinden emin olmasa da hâlâ hayat dolu bir şehir. Bazıları paralel bir dünya olduğunu söylerken, diğerleri başka bir boyut olduğunu söylüyor. Ancak Efes her ne ise, **insanlar** ona çekilmekten kendilerini alamıyorlar. Sonuçta, kayıp bir şehirden daha ilgi çekici ne olabilir? **Efes'e** ne olduğunu kimse kesin olarak bilmiyor. Ama bu insanları onu aramaktan alıkoymuyor. Belki bir gün birileri cevabı bulacak ve nihayet bu kayıp şehrin gizemini çözecektir. Sofia da Efes'e ilgi duyan insanlardan biriydi. Şehir ve gizemi onu her zaman büyülemişti. Bu yüzden şehri bulduklarını iddia eden

Ephesus

Ephesus war einst eine pulsierende Stadt, voller Leben und Aktivität. Aber jetzt ist es eine Geisterstadt. Das einzige Geräusch, das man hören kann, ist der Wind, der durch die **leeren** Straßen weht. Es ist, als ob die Stadt in der Zeit stehen geblieben wäre. Keiner weiß genau, was mit Ephesus geschehen ist. Eines Tages war es einfach weg. Die Menschen, die Gebäude, alles ist spurlos verschwunden. Manche sagen, dass die Stadt von einem zornigen Gott verflucht wurde, andere, dass sie von der Erde selbst verschluckt wurde. **Was auch immer** geschehen ist, Ephesus ist heute nur noch eine Erinnerung. Es gibt aber auch diejenigen, die behaupten, die Stadt sei nicht verschwunden. Sie **behaupten**, sie in ihren Träumen oder aus dem Augenwinkel gesehen zu haben.

Eine Stadt, in der immer noch Leben herrscht, obwohl niemand weiß, wo sie liegt oder wie man dorthin gelangt. Manche sagen, es sei eine Parallelwelt, andere, es sei eine andere Dimension. Aber was auch immer Ephesus ist, die **Menschen** können nicht anders, als sich von ihr angezogen zu fühlen. Was könnte schließlich faszinierender sein als eine verlorene Stadt? Niemand weiß mit Sicherheit, was mit **Ephesus** geschehen ist. Aber das hält die Menschen

bir grup insan olduğunu duyduğunda onlara katılmakta **tereddüt etmedi.** Grup Simon adında bir adam tarafından yönetiliyordu.

Şehri rüyasında gördüğünü ve onu nasıl bulacağını bildiğini söyledi. Sofia ve diğerleri, kendilerini bu kayıp şehre götüreceğine güvenerek onu çöle kadar takip ettiler. Günlerce **yürüdükten** sonra, hiçliğin ortasında garip bir kapıya rastladılar. Simon bunun **Efes'in** girişi olduğunu söyledi. Herkes bir an tereddüt etti, bunu yapıp yapmamaları gerektiğinden emin değillerdi. Ama sonra Sofia bir **adım** öne çıktı ve kapıyı açtı. Sofia kapıdan içeri adımını atar atmaz bir şeylerin yolunda gitmediğini anladı. Diğerleri **tereddütle** onu takip etti ama diğer tarafta ne olduğunu gördüklerinde hepsi durdu. Boş bir arazinin önünde duruyorlardı. Orada kum ve kayalardan başka bir şey yoktu. Herhangi bir yaşam belirtisi yoktu. Hepsi Simon'a bakmak için döndüler ama o sadece bilerek gülümsedi. "Size söylemiştim," dedi, "Efes yok oldu."

nicht davon ab, nach ihr zu suchen. Vielleicht wird eines Tages jemand die Antwort finden und das Rätsel dieser verlorenen Stadt endlich lösen. Sofia gehörte zu den Menschen, die sich zu Ephesus hingezogen fühlten. Sie war schon immer von der Stadt und ihrem Geheimnis fasziniert. Als sie von einer Gruppe von Menschen hörte, die behaupteten, sie gefunden zu haben, **zögerte** sie nicht, sich ihnen anzuschließen. Die Gruppe wurde von einem Mann namens Simon angeführt.

 Er sagte, er habe die Stadt in seinen Träumen gesehen und wisse, wie man sie finden könne. Sofia und die anderen folgten ihm in die Wüste und vertrauten ihm, dass er sie zu dieser verlorenen Stadt führen würde. Nach tagelangem **Marsch stießen** sie auf eine seltsame Tür mitten im Nirgendwo. Simon sagte, dies sei der Eingang zu **Ephesus**. Alle zögerten einen Moment lang, weil sie nicht wussten, ob sie es wagen sollten oder nicht. Doch dann **trat** Sofia vor und öffnete die Tür. Sobald Sofia durch die Tür trat, wusste sie, dass etwas nicht stimmte. Die anderen folgten ihr **zögernd**, aber sie blieben alle stehen, als sie sahen, was sich auf der anderen Seite befand. Sie standen vor einer leeren Einöde. Dort gab es nichts außer Sand und Steinen. Keinerlei Anzeichen für irgendwelches Leben. Alle drehten sich zu Simon um, aber er lächelte nur wissend: "Ich habe es euch gesagt", sagte er, "Ephesus ist weg."

Anlama soruları

1. Metnin ana fikri nedir?

2. Efes'e ne oldu?

3. Sofia kimdi?

4. Sofia'nın katıldığı gruba kim liderlik etti?

5. Simun Efes hakkında ne söyledi?

6. Kapının diğer tarafında ne vardı?

7. Grup diğer tarafı gördüğünde nasıl tepki verdi?

8. Simun kendisine döndüklerinde ne dedi?

9. İnsanlar Efes hakkında ne diyor?

10. Kayıp şehrin gizemi nedir?

Fragen zum Verständnis

1. Was ist die Hauptidee des Textes?

2. Was geschah mit Ephesus?

3. Wer war Sofia?

4. Wer leitete die Gruppe, der sich Sofia anschloss?

5. Was hat Simon über Ephesus gesagt?

6. Was war auf der anderen Seite der Tür?

7. Wie hat die Gruppe reagiert, als sie die andere Seite sah?

8. Was hat Simon gesagt, als sie sich an ihn wandten?

9. Was sagen die Leute über Ephesus?

10. Was ist das Geheimnis der verlorenen Stadt?

Pamukkale

Pamukkale'ye tam olarak ne **olduğunu** kimse bilmiyor. Bir gün herkes kalktı ve gitti. Bazıları şehrin etrafında meydana gelen garip olaylardan korktuklarını söylüyor. Diğerleri ise daha kötü bir şeyin meydana geldiğini ve insanları uzaklaştıran şeyin evlerini ve **geçim kaynaklarını** da yok ettiğini iddia ediyor. Kimse kesin olarak bilmiyor, ancak **Pamukkale bugüne** kadar terk edilmiş durumda. Ancak Pamukkale'yi hala sevgiyle hatırlayanlar ve eski görkemli günlerine dönmesini özleyenler var. Bu insanlardan biri de Hasan.

Pamukkale'de doğup büyüdü ve burası onun gerçekten evim dediği tek yer. Herkes gittiğinde Hasan geride kaldı. Ne kadar ürkütücü ve boş hale gelmiş olursa olsun, sevgili şehrini terk etmeyi reddetti. Hasan günlerini Pamukkale sokaklarında dolaşarak, eski **anılarını** yeniden yaşayarak geçiriyor. Her şey hala normalmiş, şehir sadece mola vermiş ve yakında tekrar eski yoğun haline dönecekmiş gibi **davranmayı** seviyor. Bir bakıma Hasan bir hayal dünyasında yaşamaktadır, ama bu gerçekle yüzleşmekten daha iyidir. Ancak bir gün, **terk edilmiş** binalardan birinden gelen garip sesler duyduğunda Hasan'ın pastoral balonu patlar. Sanki içeride **biri** ya da bir şey hareket etmektedir. Pamukkale'de hâlâ yaşayan başka bir insan olabilir

Pamukkale

Niemand weiß genau, was mit Pamukkale **passiert ist**. Eines Tages sind einfach alle aufgestanden und gegangen. Einige sagen, sie seien durch seltsame Vorkommnisse in der Stadt verscheucht worden. Andere behaupten, dass etwas Unheimlicheres passiert ist und dass das, was die Menschen vertrieben hat, auch ihre Häuser und **Lebensgrundlagen** zerstört hat. Niemand weiß es mit Sicherheit, aber **Pamukkale ist bis heute** verlassen. Aber es gibt Menschen, die sich noch immer liebevoll an Pamukkale erinnern und sich danach sehnen, dass die glorreichen Tage der Vergangenheit wiederkehren. Einer dieser Menschen ist Hasan.

Er ist in Pamukkale geboren und aufgewachsen, und es ist der einzige Ort, den er jemals wirklich zu Hause genannt hat. Als alle weggingen, blieb Hasan zurück. Er weigerte sich, seine geliebte Stadt zu verlassen, egal wie unheimlich und leer sie geworden war. Hasan verbringt seine Tage damit, durch die Straßen von Pamukkale zu laufen und in alten **Erinnerungen zu schwelgen**. Er tut gerne **so, als sei** alles noch normal, als würde die Stadt nur eine Pause einlegen und bald wieder in Betrieb sein. In gewisser Weise lebt Hasan in einer Traumwelt, aber das ist besser, als sich der

mi? Ya da daha kötü bir şey olabilir mi? Merakla (ve biraz da korkuyla) binaya yaklaşır Hasan. Kırık bir pencereden içeri bakar ve gördükleri onu **şok eder:** İçeride **koşuşturan** yaratıklar vardır! Küçük, tüylü ve uzun kuyruklu yaratıklar; fareler! Hayatında daha önce hiç bu kadar çok fare görmemiştir! Ve sadece bu binada değil, Pamukkale'nin **her yerinde varlarmış gibi** görünüyorlar! Onları buraya böyle toplu halde ne getirmiş olabilir?

Her zaman burada değillerdi, değil mi? İçine huzursuz bir his yerleşirken, belki de -sadece belki de- yıllar önce **herkesi Pamukkale'd**en uzaklaştıran şeyin bu fareler olduğunu fark eder. Fareler Pamukkale'yi ele geçirmiştir. Hasan şehirde kalan tek insandır ve daha ne kadar dayanabileceğinden emin değildir. Kemirgenlerden saklanmak için elinden geleni yapıyor ama onlar her yerde gibi görünüyor.

Realität zu stellen. Doch eines Tages zerplatzt Hasans idyllische Blase, als er seltsame Geräusche aus einem der **verlassenen** Gebäude hört. Es hört sich an, als würde sich **jemand** oder etwas darin bewegen. Könnte noch eine Person in Pamukkale leben? Oder könnte es sich um etwas noch Unheimlicheres handeln? Neugierig (und ein wenig verängstigt) nähert sich Hasan vorsichtig dem Gebäude. Er späht durch ein zerbrochenes Fenster hinein, und was er sieht, **schockiert** ihn: Drinnen **wuseln** Kreaturen herum! Sie sind klein, pelzig und haben lange Schwänze - Ratten! Er hat noch nie in seinem Leben so viele Ratten gesehen! Und sie scheinen **überall zu** sein, nicht nur in diesem einen Gebäude, sondern in ganz Pamukkale! Was könnte sie in so großer Zahl hierher gebracht haben?

Sicherlich waren sie nicht immer hier... oder? Als sich ein ungutes Gefühl in ihm breit macht, wird ihm klar, dass vielleicht - nur vielleicht - diese Ratten dafür verantwortlich sind, dass sie vor all den Jahren **alle aus Pamukkale** vertrieben haben. Die Ratten haben Pamukkale übernommen. Hasan ist der einzige Mensch, der noch in der Stadt ist, und er weiß nicht, wie lange er noch durchhalten kann. Er tut sein Bestes, um sich vor den Nagetieren zu verstecken, aber sie scheinen überall zu sein.

Anlama soruları

1. Metnin ana fikri nedir?

2. Pamukkale'ye ne oldu?

3. Hasan kimdir?

4. Hasan Pamukkale'de ne yapıyor?

5. Neden herkes Pamukkale'yi terk etti?

6. Hasan terk edilmiş binada ne görüyor?

7. Pamukkale'de farelerin ne işi var?

8. Hasan ne kadar süredir sığınma evinde yaşıyor?

9. Hasan nasıl hayatta kalıyor?

10. Fareler Hasan'ı bulursa ona ne olacak?

Fragen zum Verständnis

1. Was ist die Hauptidee des Textes?

2. Was geschah mit Pamukkale?

3. Wer ist Hasan?

4. Was macht Hasan in Pamukkale?

5. Warum haben alle Pamukkale verlassen?

6. Was sieht Hasan in dem verlassenen Gebäude?

7. Was machen die Ratten in Pamukkale?

8. Wie lange lebt Hasan schon in seiner Unterkunft?

9. Wie überlebt Hasan?

10. Was wird mit Hasan passieren, wenn die Ratten ihn finden?

İzmir

İzmir bir zamanlar hayat ve enerji dolu, hareketli bir şehirdi. Ancak şimdi, eski halinin bir gölgesi. Sokaklar boş, dükkanlar tahtalarla kapatılmış ve duyulabilecek tek ses **terk edilmiş** binaların arasından ıslık çalarak geçen rüzgar. Sanki buradaki hayat emilmiş gibi. Ama İzmir'i hâlâ evi olarak gören bir **kişi var:** Aysel adında genç bir **kadın.** Aysel İzmir'de doğmuş ve başka bir ev tanımamış. Şehir gerilemeye başladığında bile ayrılmayı reddetti. İzmir'in potansiyeli olduğunu biliyor; sadece buna inanacak birine ihtiyacı var. Ve o kişi olmaya kararlı. Günlerini sokaklarda dolaşarak, çöpleri temizleyerek ve şehirde kalan az sayıdaki insanla konuşarak **geçiriyor.** Onlara İzmir'in geleceğine dair planlarını anlatıyor: sokakların yeniden hayatla dolduğu, **işletmelerin** geliştiği ve insanların burayı evleri olarak görmekten gurur duyduğu bir gelecek. Aysel yavaş ama emin adımlarla İzmir'e yeni bir hayat getirmeye **başlıyor.** Ve bir gün, kentinin yeniden gelişeceğini biliyor.

Aysel her gün yaptığı gibi İzmir sokaklarında dolaşıyordu. Her ne kadar düşüşte olsa da şehrini seviyordu. Ama ondan vazgeçmeyi **reddediyordu**; İzmir'in **potansiyeli olduğunu** biliyordu. Ve şehre yeni bir hayat getirecek kişi olmaya kararlıydı. Aysel yürürken garip bir şey fark etti: Sokakta insanlar dolaşıyordu! Bu

Izmir

Izmir war einst eine pulsierende Stadt, voller Leben und Energie. Doch jetzt ist sie nur noch ein Schatten ihres früheren Selbst. Die Straßen sind leer, die Geschäfte mit Brettern vernagelt, und das einzige Geräusch, das man hört, ist der Wind, der durch die **verlassenen** Gebäude pfeift. Es ist, als wäre das Leben aus diesem Ort herausgesaugt worden. Aber es gibt eine **Person**, die Izmir immer noch ihr Zuhause nennt: eine junge **Frau** namens Aysel. Aysel wurde in Izmir geboren und hat nie ein anderes Zuhause gekannt. Selbst als die Stadt zu verfallen begann, weigerte sie sich, wegzugehen. Sie weiß, dass Izmir Potenzial hat; es braucht nur jemanden, der daran glaubt. Und sie ist fest entschlossen, diese Person zu sein. Sie **verbringt** ihre Tage damit, durch die Straßen zu gehen, Müll zu beseitigen und mit den wenigen Menschen zu sprechen, die noch in der Stadt leben. Sie erzählt ihnen von ihren Plänen für die Zukunft von Izmir: eine Zukunft, in der die Straßen wieder voller Leben sind, in der die **Geschäfte** florieren und in der die Menschen stolz darauf sind, diesen Ort ihr Zuhause zu nennen. Langsam aber sicher **beginnt** Aysel, neues Leben nach Izmir zu bringen. Und eines Tages, so weiß sie, wird ihre Stadt wieder blühen.

Aysel war wie jeden Tag in den Straßen von Izmir

alışılmadık bir durumdu; normalde sokaklar bomboştu. İçlerinden birine yaklaştı ve neler olduğunu sordu. O kişi ona, birilerinin sokağın aşağısındaki **terk edilmiş** dükkanlardan birinde bedava yemek dağıttığına dair bir söylenti dolaştığını söyledi. Aysel onlara teşekkür etti ve gösterdikleri yöne doğru aceleyle ilerledi.

Dükkâna **vardığında** dışarıda uzun bir kuyruk oluştuğunu gördü. İlk başta bunun o kadar da iyi bir fikir olmadığını düşündü; herkese yetecek kadar yiyecek olmayacağı kesin miydi? Ama sonra **herkesin** ne kadar mutlu göründüğünü, bedava yemek için sıralarını beklerken birbirleriyle sohbet edip gülüştüklerini gördü. Şehrindeki yabancılar arasında böyle bir dostluk görmek kalbini ısıttı - uzun zamandır görülmemiş bir şeydi bu. Belki de İzmir'in ihtiyacı olan şey tam da budur, diye düşündü, insanların bir araya gelip birbirleriyle **bağlantı kurmaları** için daha fazla **fırsat.**

unterwegs. Sie liebte ihre Stadt, auch wenn sie sich in einem Zustand des Niedergangs befand. Aber sie wollte sie nicht aufgeben; sie wusste, dass Izmir **Potenzial** hatte. Und sie war fest entschlossen, der Stadt wieder neues Leben einzuhauchen. Als Aysel weiterging, bemerkte sie etwas Seltsames: Auf der Straße tummelten sich Menschen! Das war ungewöhnlich, denn normalerweise waren die Straßen leer. Sie sprach einen von ihnen an und fragte, was **los sei**. Die Person erzählte ihr, dass sich herumgesprochen hatte, dass jemand in einem der **verlassenen** Läden am Ende der Straße kostenloses Essen verteilte. Aysel bedankte sich und eilte in die Richtung, in die man sie geschickt hatte.

Als sie vor dem Laden **ankam**, bildete sich draußen bereits eine lange Schlange. Zuerst dachte sie, dass dies vielleicht doch keine so gute Idee war, denn es würde nicht genug Essen für alle geben. Aber dann sah sie, wie glücklich **alle** aussahen, wie sie miteinander plauderten und lachten, während sie darauf warteten, dass sie an der Reihe waren und etwas zu essen bekamen. Es erwärmte ihr das Herz, eine solche Kameradschaft unter Fremden in ihrer Stadt zu sehen - etwas, das es schon lange nicht mehr gegeben hatte. Vielleicht ist es genau das, was Izmir braucht, dachte sie, mehr **Gelegenheiten** für Menschen, zusammenzukommen und miteinander **in Kontakt zu treten**.

Anlama soruları

1. Kahramanın adı nedir?

2. İzmir nerede yer almaktadır?

3. Aysel'in İzmir'de kalma motivasyonu neydi?

4. Aysel sokakta dolaşan insanları gördüğünde ne hissetti?

5. Ücretsiz yemek dağıtımı neden başarılı oldu?

6. Dünya Savaşı'ndan sonra atmosfer nasıl değişti? bedava yemek eşantiyonu?

7. Aysel İzmir'de neyin eksik olduğunu düşünüyordu?

8. Aysel şehrinin yeniden hayata dönmesi hakkında ne hissetti?

9. Sizce öykünün teması nedir?

Fragen zum Verständnis

1. Wie lautet der Name der Hauptfigur?

2. Wo befindet sich Izmir?

3. Was war Aysels Motivation, in Izmir zu bleiben?

4. Wie hat sich Aysel gefühlt, als sie die Menschen auf der Straße sah?

5. Warum war die kostenlose Lebensmittelvergabe ein Erfolg?

6. Wie hat sich die Atmosphäre nach dem kostenloses Essen verschenken?

7. Was hat Aysel in Izmir vermisst?

8. Wie hat sich Aysel gefühlt, als ihre Stadt wieder zum Leben erwachte?

9. Was denkst du, ist das Thema der Geschichte?

Antalya

Güneş Antalya şehrinin üzerinde batıyordu ve ışığın son huzmeleri antik kalıntıların üzerinde parlıyordu. Şehir bir zamanlar büyük bir **ticaret** merkeziydi ama şimdi eski halinin bir gölgesiydi. Ancak çöküş döneminde bile Antalya'nın hala belli bir cazibesi vardı. Gece çöktüğünde **sokaklar** ıssızlaştı ve binaların pencerelerinde sadece birkaç ışık görülebiliyordu. Sanki herkes erkenden yatmış gibiydi. Ancak henüz uyumaktan **memnun** olmayanlar da vardı.

Şehrin bir bölümünde, iki figür bir ara sokaktan çıktı ve ana caddelerden birine doğru ilerlemeye başladı. Sanki gitmeleri gereken bir yer varmış gibi hızlı ve amaçlı yürüyorlardı. Ve gerçekten de gidecekleri bir **yer vardı** - cadde boyunca sıralanmış terk edilmiş depolardan birine gireceklerdi.
John ve Jane olarak adlandıracağımız iki kişi bu soygunu haftalardır planlıyordu. Hedef yeri keşfetmişlerdi ve endişelenecekleri bir **güvenlik** görevlisi ya da kamera olmayacağını biliyorlardı. Dikkat etmeleri gereken tek şey yoldan geçenlerin onları görüp polise ihbar etmesiydi.
Ancak John ve Jane **profesyoneldi** ve bu gibi durumlarda kendilerini nasıl idare edeceklerini biliyorlardı. Hızla **deponun** kapısına doğru ilerlediler ve levyeyle kapıyı zorlayarak açtılar. İçeri girdiklerinde,

Antalya

Die Sonne ging gerade über der Stadt Antalya unter, und die letzten Lichtstrahlen fielen auf die antiken Ruinen. Einst war die Stadt ein großes Handelszentrum, doch heute ist sie nur noch ein Schatten ihrer selbst. Doch selbst in ihrem Verfall hatte Antalya noch einen gewissen Charme. Mit Einbruch der Nacht wurden die **Straßen** menschenleer, und in den Fenstern der Gebäude waren nur wenige Lichter zu sehen. Es war, als ob alle früh zu Bett gegangen wären. Aber es gab einige, die sich noch nicht **mit dem** Schlaf begnügten.

In einem Teil der Stadt traten zwei Gestalten aus einer Gasse und begannen, eine der Hauptstraßen entlangzugehen. Sie gingen schnell und zielstrebig, als hätten sie ein bestimmtes Ziel vor Augen. Und tatsächlich hatten sie **ein Ziel** - sie wollten in eines der verlassenen Lagerhäuser einbrechen, die die Straße säumten.

Die beiden Personen, die wir John und Jane nennen wollen, hatten diesen Raubüberfall seit Wochen geplant. Sie hatten den Zielort ausgekundschaftet und wussten, dass es dort keine Sicherheitskräfte oder Kameras geben würde, auf die sie achten müssten. Das Einzige, worauf sie achten mussten, waren Passanten, die sie sehen und bei der Polizei melden könnten.

aradıkları şeyi bulana kadar karanlıkta gezinmek için el fenerlerini kullandılar - değerli mallarla dolu bir sandık yığını.

Sırt çantalarına taşıyabilecekleri kadar **yük yüklemeye** başlamışlardı ki aniden deponun dışından sesler duydular. John ve Jane oldukları yerde donup kaldılar ve seslerin onları **depoya** girerken görmüş olabilecek birine ait olup olmadığını anlamak için dikkatle dinlediler. Ancak birkaç dakikalık sessizlikten sonra, dışarıdaki kişinin **depoya** gelmediği anlaşıldı. Bunun yerine, kapının hemen dışında birileri bir tür ekipman kuruyor gibiydi. "Bu insanlar dışarıda ne yapıyor?" diye fısıldadı Jane endişeyle. "Bilmiyorum ama onlar bizi bulmadan önce buradan çıkmamız gerek!" diye yanıtladı John aceleyle.

Aber John und Jane waren **Profis** und wussten, wie sie sich in solchen Situationen zu verhalten hatten. Schnell machten sie sich auf den Weg zur Tür des **Lagerhauses** und brachen sie mit einem Brecheisen auf. Drinnen benutzten sie ihre Taschenlampen, um sich in der Dunkelheit zurechtzufinden, bis sie fanden, was sie suchten - einen Stapel Kisten mit wertvollen Waren.

Sie begannen, ihre Rucksäcke mit so viel zu beladen, wie sie tragen konnten, als sie plötzlich Stimmen außerhalb des Lagerhauses hörten. John und Jane erstarrten an Ort und Stelle und lauschten aufmerksam, um herauszufinden, ob die Stimmen zu jemandem gehörten, der sie beim Betreten des **Lagers** gesehen haben könnte. Doch nach einigen Augenblicken der Stille wurde klar, dass derjenige, der draußen war, nicht in das **Lagerhaus** kam. Stattdessen hörte es sich so an, als würde jemand irgendeine Art von Ausrüstung direkt vor der Tür aufstellen. "Was machen diese Leute da draußen?", flüsterte Jane nervös. "Ich weiß es nicht, aber wir müssen hier weg, bevor sie uns finden", antwortete John eindringlich.

Anlama soruları

1. Antalya şehri nedir?

2. Antalya şehri bir zamanlar neyin büyük merkeziydi?

3. Antalya şehri şimdi eski halinin gölgesi midir?

4. Antalya şehri hala neye sahip?

5. Antalya şehrine geceleri ne olur?

6. Ara sokaktan kim çıktı?

7. İki figür ne yapıyordu?

8. John ve Jane neye dikkat etmek zorundaydı?

9. John ve Jane depoda ne buldular?

Fragen zum Verständnis

1. Was ist die Stadt Antalya?

2. Wofür war die Stadt Antalya einst ein großes Zentrum?

3. Was ist die Stadt Antalya, die nur noch ein Schatten ihrer selbst ist?

4. Was hat die Stadt Antalya noch?

5. Was passiert nachts in der Stadt Antalya?

6. Wer ist aus der Gasse gekommen?

7. Was haben die beiden Figuren gemacht?

8. Worauf mussten John und Jane aufpassen?

9. Was haben John und Jane in dem Lagerhaus gefunden?

Sahilde

Gün doğumundan sonra dalgalar daha gürültülüdür ve gelgitin üstündeki kum bembeyazdır. Denizi ve güneşi **hayranlıkla seyrederek** sahile doğru yürüyorum. Ayak parmaklarım deniz kabuklarının oluklarını hissediyor. Kum ayak parmaklarımda soğuk. Gülümsüyorum ve devam ediyorum. Gelgit yüksek, bu yüzden çekilmemek için dikkatli olmalıyım. Suyun kenarı boyunca yürüyorum, denize hayranlıkla bakıyorum. Gün doğumu çok **güzel** ve dalgalar çarpıyor. Kendimi çok huzurlu hissediyorum. Bir kaya çıkıntısının olduğu bir noktaya geliyorum. Oturup dalgaları izliyorum. Su çok mavi ve gökyüzü çok **turuncu**. Bir rüyadaymışım gibi hissediyorum. Gözlerimi kapatıyorum ve sadece dalgaları dinliyorum. Orada uzun süre oturdum, ta ki birinin adımı söylediğini duyana kadar.

Gözlerimi açıyorum ve annemin bana doğru yürüdüğünü görüyorum. Yüzünde endişeli bir ifade vardı. Gülümseyip el sallıyorum ve o da **rahatlıyor**. "Nereye gittiğini merak ediyordum," diyor. "Plajın tadını çıkarmana sevindim." "Öyleyim" diye cevap veriyorum. "Burası çok güzel." "Biliyorum," diyor. "Ben de senin yaşındayken hep buraya gelirdim." "Gerçekten mi?" diye soruyorum. "Evet," diye yanıtlıyor. "Burası özel bir yer." "Burada hiç özel biriyle tanıştın mı?" diye soruyorum.

Am Strand

Nach Sonnenaufgang sind die Wellen lauter und der Sand oberhalb der Flut ist weiß. Ich gehe hinunter zum Strand, **bewundere** das Meer und die Sonne. Meine Zehen spüren die Rillen der Muscheln. Der Sand ist kalt an meinen Zehen. Ich lächle und gehe weiter. Die Flut ist hoch, also muss ich aufpassen, dass ich nicht hineingezogen werde. Ich laufe am Ufer entlang und bewundere das Meer. Der Sonnenaufgang ist **wunderschön**, und die Wellen plätschern. Ich fühle mich so friedlich. Ich komme zu einer Stelle, an der ein Felsvorsprung steht. Ich setze mich hin und beobachte die Wellen. Das Wasser ist so blau und der Himmel ist so **orange**. Ich fühle mich wie in einem Traum. Ich schließe die Augen und lausche einfach nur den Wellen. Ich saß lange Zeit dort, bis ich hörte, wie jemand meinen Namen rief.

Ich öffne meine Augen und sehe meine Mutter auf mich zukommen. Sie hat einen besorgten Ausdruck im Gesicht. Ich lächle und winke, und sie **entspannt sich**. "Ich habe mich schon gefragt, wo du bist", sagt sie. "Ich freue mich, dass du den Strand genießt." Ich antworte: "Das tue ich." "Es ist so schön hier." "Ich weiß", sagt sie. "Als ich in deinem Alter war, bin ich ständig hierhergekommen." "Wirklich?" frage ich. "Ja",

"Tanıştım," diye yanıtlıyor gülümseyerek. "Babanla."
"Gerçekten mi?" **Şaşırarak** söylüyorum. "Evet,"
diyor. "Buraya her zaman birlikte gelirdik. Burası aşık
olduğumuz yer. " Gülümsüyorum, annemle babamın
bu güzel kumsalda aşık olduklarını **hayal ediyorum.**
"Burası özel bir yer," diye tekrarlıyor. "Bugün buraya
gelmenize sevindim."

Bir süre daha orada oturup dalgaları ve gün batımını
seyrediyoruz. Sonra kalkıp plaj havlularımıza geri
dönüyoruz. Uzanıyorum ve yıldızlara bakıyorum. Çok
mutlu ve memnun hissediyorum. Dalgalar şimdi daha
yüksek ve kum soğuk. Güneş batıyor ve serin bir
meltem esiyor. Dalgalar kıyıya çarpıyor ve havada tuz
kokusu var. Sahilde olmak için mükemmel bir akşam.
Kıyı boyunca yürüyorum, dalgaların sesini **dinliyorum**
ve gün batımını izliyorum. Kumların üzerinde oturmuş,
gülüşen ve şakalaşan bir grup insan görüyorum.
Harika vakit geçiriyor gibi görünüyorlar. Onlara
doğru yürüyorum ve onlara katılıp katılamayacağımı
soruyorum.

antwortet sie. "Es ist ein besonderer Ort.""Hast du hier jemals jemand Besonderen getroffen?" frage ich. "Ja", antwortet sie mit einem Lächeln. "Deinen Vater." "Wirklich?" sage ich **erstaunt**. "Ja", sagt sie. "Wir waren früher immer zusammen hier. Hier haben wir uns verliebt. "Ich lächle und **stelle mir** meine Eltern **vor, wie sie sich** an diesem schönen Strand verlieben. "Es ist ein besonderer Ort", wiederholt sie. "Ich bin froh, dass du heute hierher gekommen bist."

Wir sitzen noch eine Weile da und **beobachten** die Wellen und den Sonnenuntergang. Dann stehen wir auf und gehen zurück zu unseren Strandtüchern. Ich lege mich hin und schaue mir die Sterne an. Ich fühle mich so glücklich und zufrieden. Die Wellen sind jetzt lauter, und der Sand ist kalt. Die Sonne geht unter und eine kühle Brise weht. Die Wellen schlagen gegen das Ufer, und der Geruch von Salz liegt in der Luft. Es ist ein perfekter Abend, um am Strand zu sein. Ich spaziere am Ufer entlang, **lausche dem** Rauschen der Wellen und beobachte den Sonnenuntergang. Ich sehe eine Gruppe von Leuten, die lachend und scherzend im Sand sitzen. Sie sehen aus, als hätten sie eine tolle Zeit. Ich gehe zu ihnen hin und frage, ob ich mich zu ihnen setzen darf.

Anlama soruları

1. Anlatıcı uyandıktan sonra nereye gidiyor?

2. Anlatıcı sahil boyunca yürürken neye hayranlık duyuyor?

3. Anlatıcı sahil boyunca yürürken nelere dikkat etmek zorundadır?

4. Anlatıcı manzaranın tadını çıkarmak için nereye oturuyor?

5. Anlatıcı orada ne kadar oturuyor?

6. Anlatıcı gözlerini tekrar açtığında kimi görüyor?

7. Anlatıcının annesi ne diyor?

8. Anlatıcı ve tanıştığı insanlar ne hakkında konuşuyorlar?

Fragen zum Verständnis

1. Wohin geht die Erzählerin, nachdem sie aufgewacht ist?

2. Was bewundert die Erzählerin, während sie am Strand entlanggeht?

3. Worauf muss die Erzählerin aufpassen, wenn sie am Strand entlanggeht?

4. Wo setzt sich der Erzähler hin, um die Aussicht zu genießen?

5. Wie lange sitzt der Erzähler dort?

6. Wen sieht die Erzählerin, als sie ihre Augen wieder öffnet?

7. Was sagt die Mutter des Erzählers?

8. Worüber sprechen die Erzählerin und die Menschen, die sie trifft?

Gölde Kamp Yapmak

Manzaranın huzuruna **hayran kalarak** göle doğru yürüyorum. Güneş küçük gölün üzerine vuruyor ve suyun camdan bir tabaka gibi görünmesine neden oluyor. Tek hareket, ara sıra yüzeye çıkan bir balığın **yarattığı** dalgalanma. Kuşlar bile sıcağa ara vermiş gibi görünüyor, sadece ağustos böceklerinin sesi havayı dolduruyor. **Aniden,** huzur yüksek sesli bir sıçrama ile bozulur. Büyük bir **balık** sudan fırlamış, bir yusufçuğu yakalamaya çalışmaktadır. Balık hedefini ıskalıyor ve bir sıçramayla suya geri düşüyor. "Vay canına," diye düşünüyorum kendi kendime, "bu büyük bir balıktı!" Başka gören var mı diye etrafa bakındım ama etrafta kimse yoktu. Sanırım kampa döndüğümde onlara söylemem gerekecek.

Sıcak **bunaltıcı,** nefes almayı zorlaştırıyor. Hava, etrafınızı saran bir battaniye gibi kalın ve ağır. Tek rahatlama suda. Sıcak bir günde soğuk bir içecek gibi serin ve ferahlatıcıdır. Derin bir nefes alıyorum ve suya dalıyorum. Serin su beni çevrelediğinde rahatlıyorum. Dibe doğru yüzüyorum ve sonra suyun vücudumu serinlettiğini hissederek tekrar yüzeye çıkıyorum. Sıcaktan kurtulmanın keyfini çıkararak turlar **atmaya** devam ediyorum. Bir süre sonra sudan çıkıp çimlere

Camping am See

Ich gehe auf den See zu und **bewundere** die Ruhe, die hier herrscht. Die Sonne brennt auf den kleinen See und lässt das Wasser wie eine Glasscheibe aussehen. Die einzige Bewegung ist das gelegentliche Plätschern eines Fisches, der die Oberfläche durchbricht. Selbst die Vögel scheinen sich von der Hitze zu erholen, denn nur das Zirpen der Zikaden erfüllt die Luft. **Plötzlich wird** die Ruhe durch ein lautes Plätschern unterbrochen. Ein großer **Fisch ist aus dem** Wasser gesprungen und versucht, eine Libelle zu fangen. Der Fisch verfehlt sein Ziel und fällt mit einem Platschen zurück ins Wasser. "Wow", denke ich mir, "das war ein großer Fisch!". Ich schaue mich um, um zu sehen, ob ihn noch jemand gesehen hat, aber es ist niemand da. Ich werde es ihnen wohl erzählen müssen, wenn ich zum Camp zurückkehre.

Die Hitze ist **drückend** und macht das Atmen schwer. Die Luft ist dick und schwer, wie eine Decke, die einen einhüllt. Die einzige Erleichterung bietet das Wasser. Es ist kühl und erfrischend, wie ein kaltes Getränk an einem heißen Tag. Ich atme tief ein und tauche ins Wasser ein. Die Erleichterung tritt sofort ein, als mich das kühle Wasser umgibt. Ich schwimme auf den Grund und dann wieder an die Oberfläche und spüre, wie das

uzanıyorum ve güneşin vücudumu kurutmasına izin veriyorum. Gözlerimi kapatıp uykuya dalıyorum, **ağustos böceklerinin** sesi beni derin bir uykuya daldırıyor. Güneşin tenimdeki suyu pişirmesine izin veriyorum. Cildimin kızardığını hissedebiliyorum ama umurumda değil. Umursamayacak kadar sıcaktım. Bir de baktım ki güneş batıyor. Gökyüzü pembe ve mor çizgileriyle güzel bir turuncuya bürünmüştü. Sıcak gitmiş, yerini serin bir **esinti almıştı**.

Kalkıp giysilerimi giyiyorum, kendimi yenilenmiş ve gençleşmiş hissediyorum. Serin havadan derin bir **nefes alıyorum** ve gülümsüyorum. Hayatta olmak iyi hissettiriyor. Renklerin gökyüzünde dans edişini hayranlıkla izleyerek kamp alanına geri dönüyorum. Uzakta yanan kamp ateşini görebiliyorum ve havadaki dumanın kokusunu alabiliyorum. Gülümsüyorum ve adımlarımı **hızlandırıyorum.** Rahatlamaya ve akşamımın geri kalanının tadını çıkarmaya hazırım. Kamp alanına giriyorum ve herkesin ateşin etrafında toplandığını görüyorum. **Gülüp** şakalaşıyorlar ve ateşin gözlerine yansıdığını görebiliyorum.

Wasser meinen Körper kühlt. Ich **schwimme** weiter meine Runden und genieße die Abkühlung von der Hitze. Nach einer Weile steige ich aus dem Wasser und lege mich ins Gras, damit die Sonne meinen Körper trocknen kann. Ich schließe die Augen und schlafe ein. Das **Zirpen der Zikaden** wiegt mich in einen tiefen Schlaf. Ich lasse die Sonne das Wasser aus meiner Haut brennen. Ich spüre, wie meine Haut rot wird, aber es ist mir egal. Mir ist zu heiß, als dass es mir etwas ausmachen würde, und schon geht die Sonne unter. Der Himmel färbt sich orange mit rosa und violetten Reflexen. Die Hitze ist verschwunden und wird durch eine kühle **Brise** ersetzt.

Ich stehe auf und ziehe mich wieder an, fühle mich erfrischt und verjüngt. Ich **atme** tief die kühle Luft ein und lächle. Es ist ein gutes Gefühl, lebendig zu sein. Ich laufe zurück zum Campingplatz und bewundere, wie die Farben am Himmel tanzen. In der Ferne sehe ich das Lagerfeuer brennen und kann den Rauch in der Luft riechen. Ich lächle und **beschleunige** mein Tempo. Ich bin bereit, mich zu entspannen und den Rest des Abends zu genießen. Ich betrete den Lagerplatz und sehe, dass alle um das Feuer versammelt sind. Sie **lachen** und scherzen, und ich kann sehen, wie sich das Feuer in ihren Augen spiegelt.

Anlama soruları

1. Yürüyen nereye gidiyor?

2. Nasıl bir hava var?

3. Su neye benziyor?

4. Yürüteç sıcağa nasıl tepki veriyor?

5. Balık ne yapıyor?

6. Yürüteç neden yalnız?

7. Su nasıl bir his veriyor?

8. Yürüteç yüzdükten sonra nasıl hissediyor?

9. Yürüteç günün hangi saatinde uyanıyor?

10. Walker kamptan ayrıldığında nereye gidiyor?

Fragen zum Verständnis

1. Wohin geht der Wanderer?

2. Was für ein Wetter ist es?

3. Wie sieht das Wasser aus?

4. Wie reagiert der Wanderer auf die Hitze?

5. Was macht der Fisch?

6. Warum ist der Wanderer allein?

7. Wie fühlt sich das Wasser an?

8. Wie fühlt sich der Wanderer nach dem Schwimmen?

9. Zu welcher Tageszeit wacht der Wanderer auf?

10. Wohin geht der Wanderer, wenn er das Lager verlässt?

Ev

Geçen hafta yeni evime taşındım ve çok **heyecanlıyım!** Eski evimden çok daha büyük ve büyük bir arka bahçesi var. Barbekü ve partiler için arkadaşlarımı ağırlamak için sabırsızlanıyorum. **En sevdiğim** bölüm yeni yatak odam. Çok büyük ve aydınlık ve tüm eşyalarımı koyacak çok yerim var. Yeni evimden gerçekten çok memnunum ve burada çok mutlu olacağımı düşünüyorum. Evi biraz daha keşfetmeye karar verdim. İkinci kata çıktım ve mutfağa doğru ilerlemeye başladım ki duvarda büyük siyah bir örümcek gördüm! Çığlık attım ve aşağıya koştum. Çok **korkmuştum!** Ama birkaç dakika sonra sakinleştim ve yukarı çıkmaya karar verdim. Yavaşça mutfağa doğru ilerledim ve örümceğin gitmiş olduğunu gördüm. Çok rahatlamıştım! Tekrar aşağı indim ve **arka bahçeyi** keşfetmek için dışarı çıkmaya karar verdim. Çok büyüktü! İnanamadım. Köşede bir salıncak seti ve bir kaydırak gördüm. Ayrıca bir basketbol filesi ve bir **trambolin gördüm**. Çok heyecanlanmıştım!

Tüm bu yeni şeyleri kullanmak için sabırsızlanıyorum. **Komşular** geldi ve kendilerini tanıttılar. Gerçekten iyi görünüyorlardı ve bir süre konuştuk. Gelecek hafta sonu beni barbekü partilerine davet ettiler, ben de seve seve geleceğimi söyledim. Yeni evimde harika bir ilk hafta geçirdim ve önümdeki tüm yeni

Das Haus

Letzte Woche bin ich in mein neues Haus eingezogen, und ich bin so **aufgeregt**! Es ist viel größer als mein altes, und es hat einen großen Garten. Ich kann es kaum erwarten, Freunde zum Grillen und für Partys einzuladen. Mein Lieblingsteil ist mein neues Schlafzimmer. Es ist so groß und hell, und ich habe jede Menge Platz, um all meine Sachen unterzubringen. Ich bin wirklich glücklich mit meinem neuen Haus und denke, dass ich hier sehr glücklich sein werde. Ich beschloss, das Haus noch ein bisschen zu erkunden. Ich ging nach oben in den zweiten Stock und machte mich auf den Weg in die Küche, als ich eine große schwarze Spinne an der Wand sah! Ich schrie auf und rannte die Treppe hinunter. Ich war so **erschrocken**! Aber nach ein paar Minuten beruhigte ich mich und beschloss, wieder nach oben zu gehen. Langsam machte ich mich auf den Weg in die Küche und sah, dass die Spinne weg war. Ich war so erleichtert! Ich ging wieder nach unten und beschloss, nach draußen zu gehen, um den **Garten zu** erkunden. Sie war so groß! Ich konnte es nicht glauben. Ich sah eine Schaukel in der Ecke und eine Rutsche. Ich sah auch ein Basketballnetz und ein **Trampolin**. Ich war so aufgeregt!

Ich kann es kaum erwarten, all diese neuen Sachen

maceralar için heyecanlıyım. Bugün yine arka bahçede keşfe çıkacağım ve başka neler bulabileceğime bakacağım. Kim bilir, belki bir **hazine** bile bulurum. Önümüzdeki haftanın neler getireceğini görmek için sabırsızlanıyorum! Bir sonraki hafta yine arka bahçede keşfe çıktım ve **gizli** bir bahçe buldum. Çok güzeldi! Her yerde çiçekler ve içinde balıklar olan küçük bir gölet vardı. Ayrıca daha önce görmediğim bir salıncak seti de gördüm. Bu gizli bahçeyi bulduğum için çok heyecanlıydım ve daha fazla keşfetmek için sabırsızlanıyorum. Çok **güzeldi**!

zu benutzen. Die **Nachbarn** kamen vorbei und stellten sich vor. Sie schienen wirklich nett zu sein, und wir unterhielten uns eine Weile. Sie luden mich zu ihrem Grillfest am nächsten Wochenende ein, und ich sagte, dass ich gerne kommen würde. Ich hatte eine tolle erste Woche in meinem neuen Haus und freue mich auf all die neuen Abenteuer, die vor mir liegen. Heute werde ich wieder im Garten auf Entdeckungstour gehen und sehen, was ich noch alles finden kann. Wer weiß, vielleicht finde ich ja sogar einen **Schatz**. Ich kann es kaum erwarten, zu sehen, was die nächste Woche bringt! In der nächsten Woche bin ich wieder im Garten auf Entdeckungsreise gegangen und habe einen **geheimen** Garten gefunden. Er war so schön! Überall waren Blumen und ein kleiner Teich mit Fischen drin. Ich habe auch eine Schaukel gesehen, die ich vorher noch nie gesehen hatte. Ich war so aufgeregt, diesen geheimen Garten zu finden, und ich kann es kaum erwarten, ihn weiter zu erkunden. Er war so **schön**!

Anlama soruları

1. Kişi nerede yaşıyor?

2. Kişi yeni evini nasıl buluyor?

3. Kişinin yeni evinin en sevdiği kısmı nedir?

4. Kişi bahçede ne buldu?

5. Komşular kimlerdir?

6. Kişinin yeni evindeki ilk günleri nasıldı?

7. Kişinin yeni odasının en sevdiği kısmı nedir?

8. Kişi yarın ne yapmayı planlıyor?

9. Kişinin yeni evindeki ilk haftasının en iyi yanı neydi?

Fragen zum Verständnis

1. Wo wohnt die Person?

2. Wie gefällt es der Person im neuen Haus?

3. Was gefällt der Person am besten an ihrem neuen Haus?

4. Was hat die Person im Garten gefunden?

5. Wer sind die Nachbarn?

6. Wie hat sich die Person in den ersten Tagen in der neuen Wohnung gefühlt?

7. Was gefällt der Person am besten an ihrem neuen Zimmer?

8. Was plant die Person morgen zu tun?

9. Was war das Beste an der ersten Woche im neuen Haus?

Trende

Tren istasyonuna koştum ama çok geç kalmıştım.
Tren çoktan bensiz gitmişti. Kendimi çok **kızgın** ve
hayal kırıklığına uğramış hissettim. Taşrada yaşayan
büyükannnem ve büyükbabamı ziyaret etmek için trene
binmeyi planlıyordum ama şimdi bir sonraki tren için
tam bir saat beklemem gerekecekti. Bunun yerine bir
süre şehirde dolaşmaya karar verdim ve kaçırdığım
fırsatı unutmaya çalıştım. Yürürken, **trenlerin** sizi
götürebileceği tüm yerler hakkında **hayaller kurmaya**
başladım. Birdenbire artık o kadar da üzgün değildim.
İstasyona geri döndüm ve bana doğru ilerleyen
büyük kırmızı, beyaz ve mavi lokomotifi fark etmeden
edemedim. Pencereden bana el sallayan **kondüktörü**
görene kadar bu trenin benim için olduğunu fark
etmedim. Trene binip koltuğuma oturuyorum ve uzun bir
yolculuk için hazırlanıyorum.

İstasyondan çıkarken, bu trenin beni nereye
götüreceğini merak etmekten kendimi alamıyorum.
Yeşil **tarlaların** arasından, mavi nehirlerin üzerinden,
dağların ve vadilerin yanından geçen bu eski
trenin nereye gideceği belli değil. Gece çökmeye
başladığında, aşağıdaki rayların üzerindeki vagonların
ritmik hareketiyle **huzurlu bir** uykuya dalıyorum. Sabah
olduğunda, gözlerimi açtığımda hiçliğin ortasında bir

Im Zug

Ich rannte zum Bahnhof, aber ich war zu spät. Der Zug war bereits ohne mich abgefahren. Ich war so **wütend** und **enttäuscht** von mir selbst. Ich hatte geplant, mit dem Zug meine Großeltern zu besuchen, die auf dem Land leben, aber jetzt würde ich eine ganze Stunde auf den nächsten Zug warten müssen. Ich beschloss, stattdessen eine Weile durch die Stadt zu laufen und versuchte, die verpasste Gelegenheit zu vergessen. Beim Spaziergehen begann ich von all den Orten zu **träumen, an die man mit dem Zug** gelangen kann. Plötzlich war ich nicht mehr so verärgert. Ich gehe zurück in den Bahnhof und kann nicht umhin, die große rot-weiß-blaue Lokomotive zu bemerken, die auf mich zu tuckert. Erst als ich den **Schaffner** sehe, der mir aus dem Fenster zuwinkt, wird mir klar, dass dieser Zug für mich bestimmt ist. Ich steige ein, suche mir einen Sitzplatz und mache mich auf eine lange Reise gefasst.

Als wir aus dem Bahnhof fahren, frage ich mich, wohin dieser Zug mich wohl bringen wird. Durch grüne **Felder** und über blaue Flüsse, vorbei an Bergen und Tälern - man weiß nie, wohin dieser alte Zug fahren wird. Als die Nacht hereinbricht, falle ich in einen **friedlichen** Schlaf, der von der **rhythmischen** Bewegung der Waggons auf den Gleisen unter mir eingelullt wird. Als

yerde küçük bir kasabaya vardığımızı görüyorum. Yerliler Ana Cadde'de dolaşmaya başladığında güneş ufukta belirmeye başlıyor; bir şey dışında burası herhangi bir gün gibi görünüyor - Belediye Binası'nın yanında "Gemiye hoş geldiniz!" yazan büyük bir tabela asılı. Görünüşe göre bu küçük kasaba bizi bekliyormuş, her ne kadar başka bir yere giden sıradan bir **yolcu** treni olsak da. Kasabayı bir kez daha arkamızda bırakıp kim bilir nereye doğru yol alırken, **tarlaların** arasında yuvalanmış küçük evlerden el sallayan tüm dost yüzlere gülümsüyorum; görünüşte sıradan olan bir şeyin sadece geçerken bile bu kadar neşe getirebilmesi gerçekten şaşırtıcı. Ve tabii bir de **çocuklar var**.

Lokomotifimin penceresinden dışarı uzanıyorum. Parlayan gözleri ve kocaman sırıtışlarıyla beni her zaman çok mutlu ediyorlar. **Kabinime** dönüp oturmadan önce onlara enerjik bir şekilde el salladım. Şimdiden uzun bir gün oldu ama henüz bitmedi; son varış noktamıza ulaşmamıza daha birkaç saat **var**. Kitabımı çıkarıp okumaya başladım ve trenin ritmik sallanışının beni huzurlu bir hale sokmasına izin verdim.

ich am nächsten Morgen die Augen öffne, sehe ich, dass wir in einer kleinen Stadt irgendwo im Nirgendwo angekommen sind. Die Sonne lugt gerade über den Horizont, als die Einheimischen beginnen, sich auf der Hauptstraße zu bewegen. Es sieht aus wie jeder andere Tag hier, bis auf eine Ausnahme: In der Nähe des Rathauses hängt ein großes Schild mit der Aufschrift "Willkommen an Bord! Es scheint, als hätte diese kleine Stadt uns erwartet, obwohl wir nur ein gewöhnlicher Personenzug sind, der auf dem Weg zu einem anderen Ziel durchfährt. Als wir die Stadt wieder hinter uns lassen und in Richtung wer weiß wohin tuckern, lächle ich über all die freundlichen Gesichter, die uns aus den kleinen Häusern zwischen den **Feldern** zuwinken - **es ist** wirklich erstaunlich, wie etwas so scheinbar Alltägliches so viel Freude bereiten kann, wenn man einfach durchfährt. Und dann sind da natürlich noch die **Kinder**.

Ich lehne mich aus dem Fenster meiner Lokomotive. Mit ihren leuchtenden Augen und ihrem breiten Grinsen machen sie mich immer so glücklich. Ich winke ihnen energisch zu, bevor ich in mein **Abteil** zurückkehre und mich setze. Es war schon ein langer Tag, aber er ist noch nicht zu Ende; es sind noch ein paar Stunden, bis wir unser endgültiges **Ziel** erreichen. Ich ziehe mein Buch heraus und beginne zu lesen, während mich das rhythmische Schaukeln des Zuges in einen friedlichen Zustand versetzt.

Anlama soruları

1. Tren nereye gidiyor?

2. Trende kim seyahat ediyor?

3. Tren ne zaman kalkıyor?

4. Kahraman trene nasıl biniyor?

5. Tren nereden geliyor?

6. Tren şimdi nereye gidiyor?

7. Yolcular ne zaman geldi?

8. Treni kaçırdığında kahraman nasıl hissediyor?

9. Tren makinisti kahramanı gördüğünde nasıl tepki veriyor?

Fragen zum Verständnis

1. Wohin fährt der Zug?

2. Wer reist mit dem Zug?

3. Wann fährt der Zug ab?

4. Wie kommt der Protagonist in den Zug?

5. Woher kommt der Zug?

6. Wohin fährt der Zug als nächstes?

7. Wann sind die Passagiere angekommen?

8. Wie fühlt sich der Protagonist, als er den Zug verpasst?

9. Wie reagiert der Zugführer, als er den Protagonisten sieht?

Akşam Yemeği Pişirme

Şu anda saat 17:00 ve işten eve yürüyorum. Evde eşimle birlikte sakin bir akşam geçirmeyi **dört gözle** bekliyorum. Birlikte akşam yemeği pişireceğiz ve sonra gecenin geri kalanında dinleneceğiz. Bu **akşam** herhangi bir planım ya da zorunluluğum olmadığını bilmek iyi hissettiriyor. Eve vardığımda eşim çoktan mutfağa girmiş, akşam yemeğimizi hazırlamaya başlamıştı. Burası **harika** kokuyor! Yemek pişirirken sohbet ediyoruz, birbirimizin günlerini yakalıyoruz ve iş hayatlarımızdan küçük hikayeler paylaşıyoruz. Mutfak dairemizdeki en sevdiğim oda. Yemek yapmayı seviyorum ve özellikle de ortağımla yemek yapmayı seviyorum. Burada her zaman çok iyi vakit geçiriyoruz, fırtına gibi yemek pişirirken gülüyor ve şakalaşıyoruz. Ayrıca, **birlikte** çalıştığımızda yemekler her zaman **inanılmaz oluyor**.

Bu akşam, tüm zamanların en sevdiğim tariflerinden birini yapıyoruz: Parmesanlı **tavuk.** Ben **ocakta** sosu kaynatırken ortağım tavuğu ekmekle kaplıyor. İyi yağlanmış bir makine gibi birlikte çalışıyoruz ve çok geçmeden akşam yemeği servise hazır hale geliyor. Parmesanlı tavuk, makarna ve salatayla dolu **tabaklarla** küçük mutfak masamıza oturuyoruz. Bardakları

Abendessen kochen

Es ist jetzt 17 Uhr und ich gehe von der Arbeit nach Hause. Ich freue **mich** auf einen ruhigen Abend zu Hause mit meinem Partner. Wir werden gemeinsam kochen und dann den Rest des Abends einfach nur entspannen. Es ist ein gutes Gefühl, zu wissen, dass ich heute **Abend** keine Pläne oder Verpflichtungen habe. Als ich zu Hause ankomme, steht mein Partner bereits in der Küche und beginnt mit der Zubereitung unseres Abendessens. Es riecht **fantastisch** hier drin! Während wir kochen, plaudern wir über den Tag des anderen und erzählen uns kleine Geschichten aus unserem Arbeitsleben. Die Küche ist mein Lieblingsraum in unserer Wohnung. Ich liebe es zu kochen, und ganz besonders liebe ich es, mit meinem Partner zu kochen. Wir haben immer so viel Spaß hier drin, lachen und scherzen, während wir kochen. Außerdem schmeckt das Essen immer **unglaublich gut**, wenn wir **zusammen** arbeiten.

Heute Abend machen wir eines meiner absoluten Lieblingsrezepte: **Hähnchen** Parmesan. Mein Partner beginnt mit dem Panieren des Hähnchens, während ich die Soße auf dem **Herd** zum Kochen bringe. Wir arbeiten zusammen wie eine gut geölte Maschine,

tokuşturuyoruz ve ilk **lokmamızı** alıyoruz - ve bu harika! Tavuğun dışı çıtır çıtır ama içi sulu; sos lezzetli ve mükemmel; makarna al dente pişmiş... bu akşam her şeyin tadı kesinlikle mükemmel. İkimiz de bunun, lezzetli yemeğimizin son lokmasının **tadını çıkarırken her** şeyin mükemmel bir şekilde bir araya geldiği o gecelerden biri olduğunu biliyoruz. Tadı kokusundan bile daha güzeldi - ki bu oldukça iyiydi! İkimiz de bugün özellikle aç olmadığımız için yemeğimizi nispeten hızlı bir şekilde bitiriyoruz, ancak birkaç **kadeh** şarabın daha tadını çıkarırken bu ve bu konu hakkında hafifçe sohbet ediyoruz. Yemekten sonra birlikte hızlıca temizlenip oturma odasına geçiyoruz ve burada televizyon izlerken kanepeye **sarılıp** biraz vakit geçiriyoruz.

und schon bald ist das Abendessen servierfertig. Wir setzen uns an unseren kleinen Küchentisch mit **Tellern voller** Hähnchen Parmesan, Nudeln und Salat. Wir stoßen mit den Gläsern an und nehmen unseren ersten Bissen - und der ist **himmlisch**! Das Hähnchen ist außen knusprig, aber innen saftig; die Soße ist würzig und perfekt; die Nudeln sind al dente gekocht... alles schmeckt heute Abend absolut perfekt. Wir wissen beide, dass dies einer dieser Abende war, an denen alles perfekt zusammenpasst, und wir **genießen** jeden einzelnen Bissen unseres köstlichen Essens. Es hat sogar noch besser geschmeckt, als es gerochen hat - und das war verdammt gut! Wir essen relativ schnell zu Ende, da keiner von uns heute besonders hungrig ist, aber wir lassen uns Zeit und genießen noch ein paar **Gläser** Wein, während wir locker über dieses und jenes Thema plaudern. Nach dem Essen räumen wir schnell zusammen auf und gehen dann ins Wohnzimmer, wo wir noch eine Weile auf der Couch **kuscheln** und fernsehen.

Anlama soruları

1. Anlatıcı nereden geliyor?

2. Anlatıcı işten sonra ne yapıyor?

3. Anlatıcı akşam yemeğinde ne yiyor?

4. Anlatıcı mutfağı neden seviyor?

5. Çift ne tür bir yemek pişiriyor?

6. Anlatıcı gecenin sonunda nasıl hissediyor?

7. Çiftin yapmayı en sevdiği şey nedir?

8. Çift yorulduğunda ne yapıyor?

9. Nerede uyuyorlar?

10. Anlatıcı neden evde kalmayı seviyor?

Fragen zum Verständnis

1. Woher kommt der Erzähler?

2. Was macht der Erzähler nach der Arbeit?

3. Was isst der Erzähler zum Abendessen?

4. Warum mag der Erzähler die Küche?

5. Was für ein Gericht kocht das Paar?

6. Wie fühlt sich der Erzähler am Ende des Abends?

7. Was ist die Lieblingsbeschäftigung des Paares?

8. Was tun die beiden, wenn sie müde werden?

9. Wo schlafen sie?

10. Warum bleibt der Erzähler gerne zu Hause?

Yürüyen Ev

İşten eve yürürken **huzurlu** bir geceydi. Yürürken, anılara gülümsemekten kendimi alamadım. Eski mahalleme geri dönmek iyi hissettiriyordu. Tanıdığım birkaç kişiye el salladım, onlar da bana el salladı. Evde olmak güzeldi. Eski okulumun önünden geçtim ve arkadaşlarımla geçirdiğim tüm güzel zamanları **hatırladım.** Eve hep birlikte yürür ve günümüz hakkında konuşurduk. **Bazen** durup dondurma alır ya da parka giderdik. Bunlar en güzel zamanlardı. O zamanları özlüyorum. Ama şimdi kendi ailem var ve hayatımdan memnunum. O anılara dönüp bakabildiğim ve gülümseyebildiğim için mutluyum. Onlar hayatımın her zaman değer vereceğim bir parçası. En güzel zamanlardı. O zamanları özlüyorum. Ama şimdi kendi ailem var ve hayatımdan memnunum. O **anılara dönüp** bakabildiğim ve gülümseyebildiğim için mutluyum. Onlar hayatımın her zaman değer vereceğim bir parçası.

Arkadaşlarımla geçirdiğim güzel zamanları düşünerek yürümeye devam ediyorum. Onları yakında tekrar göreceğimi biliyorum. Evime doğru ilerliyorum ve yakınlardaki bir parkta yürümeye karar veriyorum. Güneş batıyor ve gökyüzü **güzel bir** turuncu renge dönüşüyor. Ağaçlarda cıvıldayan birkaç kuş dışında park bomboş. Derin bir **nefes** alıyorum ve

Nach Hause gehen

Es war eine **friedliche** Nacht, als ich von der Arbeit nach Hause ging. Als ich ging, konnte ich nicht anders, als über die Erinnerungen zu lächeln. Es fühlte sich gut an, wieder in meiner alten Nachbarschaft zu sein. Ich winkte ein paar Leuten zu, die ich kannte, und sie winkten zurück. Es war schön, wieder zu Hause zu sein. Ich ging an meiner alten Schule vorbei und **erinnerte mich an** all die schönen Zeiten, die ich mit meinen Freunden hatte. Wir gingen immer zusammen nach Hause und sprachen über unseren Tag. **Manchmal hielten** wir an, um ein Eis zu essen oder in den Park zu gehen. Das waren die besten Zeiten. Ich vermisse diese Zeiten. Aber jetzt habe ich meine eigene Familie und bin glücklich mit meinem Leben. Ich bin froh, dass ich auf diese Erinnerungen zurückblicken und lächeln kann. Sie sind ein Teil meines Lebens, den ich immer in Ehren halten werde. Das waren die besten Zeiten. Ich vermisse diese Zeiten. Aber jetzt habe ich meine eigene Familie und bin glücklich mit meinem Leben. Ich bin froh, dass ich auf diese **Erinnerungen** zurückblicken und lächeln kann. Sie sind ein Teil meines Lebens, den ich immer in Ehren halten werde.

Ich gehe weiter und denke an die schöne Zeit, die ich mit meinen Freunden hatte. Ich weiß, dass ich sie bald

gülümsüyorum. Parkta yürürken gökyüzünde kayan bir yıldız görüyorum. O yıldız için bir dilek tuttum ve yürümeye devam ettim. İşteki günümü ve ne kadar **huzurlu** olduğunu düşünüyorum. Böyle harika bir işe sahip olduğum için ne kadar şanslı olduğumu düşünerek kendi kendime gülümsüyorum. Eve doğru yürürken serin gece havasını tenimde **hissediyorum.** Kendimi çok canlı ve mutlu hissediyorum, huzurlu bir gecede eve yürümek gibi basit bir eylemin tadını çıkarıyorum. Kendimi çok iyi hissettim, **ıslık çalmaya** başladım. Sokakta birkaç kişinin yanından geçtim ama hepsi kendi işlerine bakıyordu.

Sokağımın köşesini döndüğümde komşumun kedisi Bay Whiskers'ın verandamda oturduğunu gördüm. Ona merhaba dedim ve o da bana miyavlayarak karşılık verdi. Kapımın **kilidini açtım** ve içeri girdim. Evde olduğum için çok mutluydum. Ayakkabılarımı çıkardım ve yatmak için hazırlandım. O gece yatağa mutlu ve minnettar bir şekilde, kalbim sevgiyle dolu olarak girdim.

wiedersehen werde. Ich mache mich auf den Weg nach Hause und beschließe, durch einen nahe gelegenen Park zu gehen. Die Sonne geht gerade unter und der Himmel färbt sich in ein **schönes** Orange. Der Park ist leer, bis auf ein paar Vögel, die in den Bäumen zwitschern. Ich **atme** tief ein und lächle. Als ich durch den Park gehe, sehe ich eine Sternschnuppe über den Himmel huschen. Ich wünsche mir etwas von dieser Sternschnuppe und laufe weiter. Ich denke an meinen Arbeitstag und daran, wie **friedlich** er war. Ich lächle vor mich hin und denke daran, wie viel Glück ich habe, einen so tollen Job zu haben. Ich gehe nach Hause und **spüre** die kühle Nachtluft auf meiner Haut. Ich fühle mich so lebendig und glücklich, weil ich es einfach genieße, in einer friedlichen Nacht nach Hause zu gehen. Ich fühlte mich so gut, dass ich anfing zu **pfeifen**. Ich ging an ein paar Leuten auf der Straße vorbei, aber sie kümmerten sich alle um ihre eigenen Angelegenheiten.

Ich bog um die Ecke in meine Straße und sah die Katze meines Nachbarn, Mr. Whiskers, auf meiner Veranda sitzen. Ich grüßte ihn und er miaute zurück. Ich **schloss** meine Tür **auf** und ging hinein. Ich war so froh, zu Hause zu sein. Ich zog meine Schuhe aus und machte mich bettfertig. Ich ging an diesem Abend mit einem Gefühl der Freude und Dankbarkeit ins Bett, mein Herz war voller Liebe.

Anlama soruları

1. Hikaye başladığında baş kahraman ne yapıyordu?

2. Kahraman eve yürürken ne düşünüyordu?

3. Kahraman okuldan sonra arkadaşlarıyla ne yapardı?

4. Kahraman o zamanlarla ilgili neleri özlüyor?

5. Kahraman mevcut yaşamı hakkında ne düşünüyor?

6. Kayan bir yıldız gördüklerinde kahraman ne yapar?

7. Kahraman eve yürürken nasıl hissediyor?

8. Kahraman eve döndüğünde ne yapıyor?

9. Ertesi sabah uyandıklarında kahraman nasıl hissediyor?

Fragen zum Verständnis

1. Was machte der Protagonist, als die Geschichte begann?

2. Woran hat der Protagonist auf dem Heimweg gedacht?

3. Was hat der Protagonist nach der Schule mit seinen Freunden gemacht?

4. Was vermisst der Protagonist aus dieser Zeit?

5. Was denkt der Protagonist über sein derzeitiges Leben?

6. Was tut der Protagonist, wenn er eine Sternschnuppe sieht?

7. Wie fühlt sich der Protagonist, wenn er nach Hause geht?

8. Was macht der Protagonist, wenn er nach Hause kommt?

9. Wie fühlt sich der Protagonist, wenn er am nächsten Morgen aufwacht?

Kale

Aile her zaman **Almanya'**daki eski bir kaleyi ziyaret etmek istemiş ve sonunda bu yolculuğa çıkmışlar. **Hayal kırıklığına** uğramadılar. Şato çok güzeldi ve birçok odasını ve koridorunu keşfetmekten keyif aldılar. Onları etkileyen ilk şey kokuydu. **Küf, rutubet ve tam olarak ne olduğunu anlayamadıkları** başka bir şey buldular. İkinci şey ise sesti. Taş duvarlar kalındır ama sesi tamamen kesmezler. Her ayak sesini, normal bir sesle söylenen her kelimeyi ve uzaklarda bir **yerlerde** ara sıra duyulan su damlasını duydular. Gözleri loş ışığa alıştığında, etraflarında devasa taş duvarların yükseldiğini, duvar halılarının parçalanmış bir şekilde sarktığını gördüler. Oyma sütunlarla desteklenen yüksek tavanlı büyük bir salonda duruyorlardı. Kulelerden görünen manzaraya da bayıldılar ve çocuklar arazide koşturarak harika vakit geçirdiler. Kaleyi keşfetmeyi bitirdiklerinde **güneş** batmaya başlamıştı ve bir el **feneri** getirmedikleri için pişman oldular. Girişe geri dönmeye karar verdiler, ancak kısa süre sonra kendilerini kaybolmuş buldular. Saatler gibi gelen bir süre boyunca etrafta dolaştılar ve sonunda dışarı açılan bir kapıya rastladılar. Koridorun sonuna **ulaşana** kadar devam ettiler ve heybetli bir çift kapıya geldiler. Ne kadar deneseler de kapılar yerinden kımıldamadı. **Uğursuzca** takırdıyor ama bir milim bile kıpırdamıyorlardı. Görünüşe göre daha önce burada

Das Schloss

Die Familie wollte schon immer ein altes Schloss in **Deutschland** besichtigen, und schließlich machten sie sich auf den Weg. Sie wurden nicht **enttäuscht**. Das Schloss war wunderschön, und sie genossen es, die vielen Räume und Gänge zu erkunden. Das erste, was ihnen auffiel, war der Geruch. Sie fanden **Schimmel**, Feuchtigkeit und etwas anderes, das sie nicht genau zuordnen konnten. Das zweite war der Klang. Steinmauern sind zwar dick, aber sie dämpfen den Schall nicht vollständig. Sie hörten jeden Schritt, jedes Wort, das mit normaler Stimme gesprochen wurde, und das gelegentliche Tröpfeln von Wasser **irgendwo** in der Ferne. Als sich ihre Augen an das schwache Licht gewöhnt hatten, sahen sie um sich herum massive Steinwände, an denen Wandteppiche in **Fetzen** hingen. Sie befanden sich in einer riesigen Halle mit einer hohen Decke, die von geschnitzten Säulen getragen wurde. Auch die Aussicht von den Türmen gefiel ihnen, und die Kinder hatten viel Spaß beim Herumlaufen auf dem Gelände. Als sie mit der Erkundung des Schlosses fertig waren, ging die **Sonne** bereits unter, und sie bedauerten, dass sie keine **Taschenlampe** mitgenommen hatten. Sie beschlossen, sich auf den Rückweg zum Eingang zu machen, aber sie hatten sich bald verlaufen. Sie irrten gefühlte Stunden umher, bis sie schließlich auf eine Tür stießen, die nach

olan her kimse buradan geçmiş ve kapıları içeriden kilitlemiş olmalıydı. Sonunda bir çıkış yolu buldular. Serin gece havasına adım attıklarında içlerini bir rahatlama kapladı.

Güneş batmaya başlamıştı ve bir el feneri getirmedikleri için **pişman oldular.** Girişe geri dönmeye karar verdiler ama kısa süre sonra kendilerini kaybolmuş buldular. Saatler gibi gelen bir süre boyunca etrafta dolaştılar ve sonunda **dışarı** açılan bir kapıya rastladılar. Serin gece havasına adım attıklarında içlerini bir rahatlama kapladı. Ertesi akşam kalenin geri kalanını keşfederken yanlarına bir el feneri almayı ihmal etmediler. **Avludan** geçip **kale** duvarlarının arkasından akan nehre doğru yürüdüler. Etrafta dolaşırken garip sesler duymaya başladılar. Sanki biri onları takip ediyormuş gibiydi. Adımlarını hızlandırdılar ama sesler daha da yükseldi ve yaklaştı. Aile olabildiğince hızlı bir şekilde kaleye geri koşmuş ve **karanlık** pelerinli figürün onları takip etmediğini görünce rahatlamışlar.

draußen führte. Sie gingen weiter, bis sie das Ende des Flurs **erreichten** und vor einer imposanten Doppeltür standen. So sehr sie sich auch bemühten, die Türen rührten sich nicht. Sie klapperten **bedrohlich**, aber sie bewegten sich keinen Zentimeter. Es sah so aus, als ob derjenige, der vorher hier war, hier durchgegangen sein musste und sie von innen verriegelt hatte. Schließlich fanden sie einen Weg nach draußen. Erleichterung überkam sie, als sie in die kühle Nachtluft hinaustraten.

Die Sonne begann unterzugehen, und sie **bedauerten,** dass sie keine Taschenlampe mitgenommen hatten. Sie beschlossen, sich auf den Weg zurück zum Eingang zu machen, aber sie hatten sich bald verlaufen. Sie irrten gefühlte Stunden umher, bis sie schließlich auf eine Tür stießen, die **nach draußen** führte. Erleichterung machte sich in ihnen breit, als sie in die kühle Nachtluft hinaustraten. Am nächsten Abend nahmen sie auf jeden Fall eine Taschenlampe mit, um den Rest des Schlosses zu erkunden. Sie gingen durch den **Innenhof** und hinunter zum Fluss, der hinter den Schlossmauern verlief. Als sie umhergingen, hörten sie seltsame Geräusche. Es klang, als würde sie jemand verfolgen. Sie beschleunigten ihren Schritt, aber die Geräusche wurden lauter und kamen näher. Die Familie rannte so schnell sie konnte zum Schloss zurück und war erleichtert, dass die Gestalt in dem **dunklen** Mantel ihnen nicht gefolgt war.

Anlama soruları

1. Aile kalede kaybolduğunda ne yaptı?

2. Aile, ölenin sadece yerel bir adam olduğunu öğrendiğinde ne hissetti?

3. Adam ne yaptı da tutuklandı?

4. Adam için verilen ceza neydi?

5. Aile yürürken hangi gürültüyü duydu?

6. Aile onu gördüğünde karanlık pelerinli figür neredeydi?

7. Aile odalarına döndüklerinde ne yaptılar?

8. Aile kaleyi tekrar ne zaman keşfetmeye gitti?

Fragen zum Verständnis

1. Was hat die Familie getan, als sie sich im Schloss verlaufen hat?

2. Wie hat sich die Familie gefühlt, als sie erfuhr, dass es sich nur um einen Einheimischen handelte?

3. Was hat der Mann getan, dass man ihn verhaftet hat?

4. Wie lautete das Urteil für den Mann?

5. Welches Geräusch hat die Familie gehört, während sie spazieren ging?

6. Wo war die Gestalt in dem dunklen Mantel, als die Familie sie sah?

7. Was hat die Familie getan, als sie in ihr Zimmer zurückkam?

8. Wann hat die Familie das Schloss wieder erkundet?

Benim Bahçem

Bahçem benim mutlu yerim. Yağmur çamur demeden her gün oraya gider ve bitkilerimle ilgilenerek vakit geçiririm. **Her şeyden** biraz **var-sebzeler,** meyveler, çiçekler, otlar. Hatta zararlıları uzak tutmaya yardımcı olan birkaç tavuğum bile var. Bahçedeki günlerime tavuklardan yumurta toplayarak başlıyorum. Sonra sebzelerimi kontrol ediyorum, yeterince su ve güneş aldıklarından emin oluyorum. Yatakları ayıklıyorum ve bitkilere **saldırabilecek** böcekleri ayıklıyorum. **Her şey halledildikten** sonra arkama yaslanıp doğanın huzur ve sessizliğinin tadını çıkarıyorum.

Bahçemde vakit geçirmeyi her zaman sevmişimdir. Doğayla ve doğanın sunduğu tüm **güzelliklerle** çevrili olmanın getirdiği bir şey var. Burayı çok huzurlu ve sakinleştirici bir yer olarak görüyorum. Sık sık bahçemde sadece dinlenerek ve manzaranın tadını çıkararak vakit geçiriyorum. Ayrıca bahçemde çalışmaktan ve bir şeyler yetiştirmekten de keyif alıyorum. Oldukça büyük bir bahçem var ve içinde çeşitli **farklı** şeyler yetiştirmeyi seviyorum. Çiçek, **sebze** ve ot yetiştiriyorum. Ayrıca lezzetli elmalar, armutlar ve erikler üreten birkaç meyve ağacım var. Bir şeyler yetiştirmenin yanı sıra, bahçemde dolaşarak ve bahçemi evi olarak gören farklı bitki ve hayvanlara

Mein Garten

Mein Garten ist mein Lieblingsplatz. Ich gehe jeden Tag hinaus, egal ob es regnet oder scheint, und verbringe Zeit damit, meine Pflanzen zu pflegen. Ich habe von **allem ein** bisschen - **Gemüse**, Obst, Blumen, Kräuter. Ich habe sogar ein paar Hühner, die mir helfen, die Schädlinge in Schach zu halten. Ich beginne meine Tage im Garten, indem ich den Hühnern Eier abhole. Dann schaue ich nach meinem Gemüse und stelle sicher, dass es genug Wasser und Sonne bekommt. Ich jäte Unkraut auf den Beeten und entferne Ungeziefer, das die Pflanzen **angreifen** könnte. Wenn **alles erledigt** ist, lehne ich mich zurück und genieße den Frieden und die Ruhe der Natur.

Ich habe schon immer gerne Zeit in meinem Garten verbracht. Es hat etwas, von der Natur und all der **Schönheit**, die sie zu bieten hat, umgeben zu sein. Ich empfinde ihn als einen sehr friedlichen und beruhigenden Ort. Ich verbringe oft Zeit in meinem Garten, um mich zu entspannen und die Landschaft zu genießen. Ich arbeite auch gerne in meinem Garten und baue Dinge an. Ich habe einen ziemlich großen Garten, in dem ich gerne **verschiedene** Dinge anbaue. Ich baue Blumen, **Gemüse** und Kräuter an. Ich habe auch ein paar Obstbäume, die leckere Äpfel, Birnen

hayranlıkla bakarak vakit geçirmekten de keyif alıyorum. **Bahçemi** sadece güzel değil aynı zamanda işlevsel bir yer haline getirmek için yıllar boyunca saatlerce çalıştım. Etrafta uçuşan kuşları izlemeyi ve şarkılarını dinlemeyi seviyorum. Hatta bazen bir kitap çıkarıyorum ve bahçede, yarattığım tüm bu güzelliklerle çevriliyken kitap okuyorum. **Bahçecilik** benim tutkum ve bana çok keyif veriyor. Bahçemde geçirdiğim her gün güzel bir gün.

Yapmayı sevdiğim şeylerden biri yemek pişirmek, bu nedenle iyi stoklanmış bir bitki bahçesine sahip olmak benim için çok **önemli.** Kekik, fesleğen, kekik, biberiye, adaçayı ve lavanta bahçemde yetiştirmeyi sevdiğim bitkilerden sadece birkaçı, böylece kendim veya **misafirlerim için** yemek pişirirken bunları kullanabiliyorum. Bahçem söz konusu olduğunda benim için önemli olan bir diğer şey de bahçemin her yerinde bol miktarda renk olmasını sağlamak. Bu amaca ulaşmak için **güller,** zambaklar, papatyalar, laleler, impatienler, kadife çiçekleri gibi çok çeşitli çiçekler yetiştiriyorum.

und Pflaumen hervorbringen. Ich baue nicht nur Dinge an, sondern verbringe auch gerne Zeit damit, durch meinen Garten zu spazieren und all die verschiedenen Pflanzen und Tiere zu **bewundern**, die dort zu Hause sind. Im Laufe der Jahre habe ich viele Stunden damit verbracht, meinen **Garten** zu einem Ort zu machen, der nicht nur schön, sondern auch funktional ist. Ich liebe es, den Vögeln beim Herumfliegen zuzusehen und ihnen beim Singen zuzuhören. Manchmal nehme ich sogar ein Buch mit und lese im Garten, während ich von all der Schönheit umgeben bin, die ich geschaffen habe. **Gartenarbeit** ist meine Leidenschaft und bringt mir so viel Freude. Jeder Tag in meinem Garten ist ein guter Tag.

Eine meiner Lieblingsbeschäftigungen ist das Kochen, daher ist ein gut bestückter Kräutergarten für mich sehr **wichtig**. Thymian, Basilikum, Oregano, Rosmarin, Salbei und Lavendel sind nur einige der Kräuter, die ich gerne in meinem Garten anbaue, damit ich sie beim Kochen für mich oder für **Gäste** verwenden kann. Ein weiterer wichtiger Punkt in meinem Garten ist, dass er viel Farbe hat. Um dieses Ziel zu erreichen, baue ich eine Vielzahl von Blumen an, darunter **Rosen**, Lilien, Gänseblümchen, Tulpen, Impatiens, Ringelblumen, usw.

Anlama soruları

1. Yazarın bahçesi nerede?

2. Yazarın kaç tavuğu var?

3. Yazar her gün bahçede ne yapıyor?

4. Yazar bahçeyi neden seviyor?

5. Yazar bahçeye hangi bitkileri ekiyor?

6. Bahçesinde birçok renk olması yazar için neden önemlidir?

7. Yazar bahçesine nasıl çeşitlilik getiriyor?

8. Yazar bahçesinde çalışırken kendini nasıl hissediyor?

9. Bahçesindeyken yazarın kendini bağlı hissetmesini sağlayan şey nedir?

Fragen zum Verständnis

1. Wo befindet sich der Garten des Autors?

2. Wie viele Hühner hat der Autor?

3. Was macht der Autor jeden Tag im Garten?

4. Warum gefällt dem Autor der Garten?

5. Welche Kräuter pflanzt der Autor in seinem Garten an?

6. Warum ist es für den Autor wichtig, dass es in seinem Garten viele Farben gibt?

7. Wie bringt der Autor Abwechslung in seinen Garten?

8. Wie fühlt sich der Autor, wenn er in seinem Garten arbeitet?

9. Wodurch fühlt sich der Autor verbunden, wenn er in seinem Garten ist?

Alışverişe Gitmek

Alışveriş merkezine gitmeyi seviyorum. Etrafta dolaşmak ve tüm farklı mağazalara bakmak her zaman çok eğlencelidir. Alışveriş merkezinde herkes için bir şeyler var ve kıyafet, ayakkabı ve aksesuarlarda fırsat bulmak için her zaman harika bir yer. Alışveriş gezime **genellikle** alışveriş merkezinin ana **girişinden** yürüyerek başlıyorum. Oradan ilk olarak favori mağazalarıma yöneliyorum. Bu mağazalara baktıktan sonra etrafta dolaşır ve başka yerlerde indirim olup olmadığına bakarım. Alışveriş yapmadan önce genellikle alışveriş merkezinde birkaç saat geçiririm. Alışveriş yaparken her zaman acele etmemeyi severim **çünkü tam olarak** istediğim şeyi aldığımdan emin olmak isterim. Ayrıca, bu şekilde daha eğlenceli oluyor!

Alışveriş merkezindeyken insanları izlemeyi her zaman çok **etkileyici** bulmuşumdur. Alışveriş yapma şekillerine bakarak bir insan hakkında gerçekten çok şey söyleyebilirsiniz. Bazı insanlar çok metodik ve acele etmiyorlar, bazıları ise ellerine **ne geçerse alıp** mümkün olduğunca hızlı bir şekilde kasaya yöneliyorlar. Ayrıca, herhangi bir ürüne bakmaktan çok cep telefonlarıyla konuşmak veya mesajlaşmakla ilgilenen alışverişçiler de var! Ne tür bir alışverişçi olursanız olun, aslında bir şey satın almasanız bile herkes vitrin alışverişinden

Einkaufen gehen

Ich gehe gerne im Einkaufszentrum einkaufen. Es macht immer so viel Spaß, herumzulaufen und sich all die verschiedenen Geschäfte anzuschauen. Im Einkaufszentrum ist für jeden etwas dabei, und es ist immer ein guter Ort, um Angebote für Kleidung, Schuhe und Accessoires zu finden. **Normalerweise** beginne ich meinen Einkaufsbummel, indem ich durch den **Haupteingang** des Einkaufszentrums gehe. Von dort aus gehe ich zuerst zu meinen Lieblingsgeschäften. Nachdem ich in diesen Geschäften gestöbert habe, laufe ich herum und schaue, ob es in anderen Geschäften Sonderangebote gibt. Normalerweise verbringe ich ein paar Stunden im Einkaufszentrum, bevor ich meine Einkäufe tätige. Ich nehme mir beim Einkaufen immer gerne Zeit, **weil** ich sichergehen will, dass ich **genau** das bekomme, was ich will. Außerdem macht es auf diese Weise einfach mehr Spaß!

Ich finde es immer **faszinierend**, die Leute zu beobachten, wenn ich im Einkaufszentrum bin. An der Art und Weise, wie sie einkaufen, kann man wirklich viel über eine Person erkennen. Manche Leute gehen sehr methodisch vor und lassen sich Zeit, während andere einfach **alles zu** nehmen scheinen, **was sie kriegen** können, und so schnell wie möglich zur Kasse

keyif alıyor gibi görünüyor. **Vitrinlerdeki** tüm o güzel şeylere bakmanın beni mutlu eden bir yanı var. Bazen gördüğüm **her şeyi alabilseydim** nasıl olurdu diye hayal kuruyorum! Sonuç olarak, alışveriş merkezinde bir gün geçirmek en sevdiğim eğlencelerden biri. Rahatlamak ve gevşemek için harika bir yol, aynı zamanda biraz da egzersiz yapmış oluyorsunuz (eğer yeterince dolaşırsanız). Ayrıca, arada sırada kendinize yeni bir gömlek ya da ayakkabı almak **her zaman** güzeldir!

İş yerinde **uzun bir** gün geçirdim ve nihayet kendime biraz zaman ayırabildim, bu yüzden alışveriş merkezine gitmeye karar verdim. **Önümüzdeki** sezon için yeni kıyafetlere ihtiyacım vardı. İçeri girer girmez tüm parlak ışıkları ve parlak vitrinleri gördüm. Önce en sevdiğim mağazaya yöneldim ve raflara göz atmaya başladım. Birkaç sevimli üst buldum ve onları soyunma odasında denedim. Aynada kendime bakarken yanımdaki soyunma odasına birinin girdiğini duydum.

gehen. Es gibt auch Leute, die mehr daran interessiert sind, mit ihrem Handy zu telefonieren oder SMS zu schreiben, als sich die Waren anzusehen! Aber egal, welche Art von Käufer man ist, jeder scheint einen Schaufensterbummel zu genießen - auch wenn man nichts kauft. Der Anblick all der schönen Dinge in den **Schaufenstern** macht mich einfach glücklich. Manchmal stelle ich mir vor, wie es wäre, wenn ich mir **alles, was** ich sehe, leisten könnte! Alles in allem ist ein Einkaufstag im Einkaufszentrum eine meiner Lieblingsbeschäftigungen. Es ist eine tolle Möglichkeit, sich zu entspannen und zu relaxen und sich dabei auch noch ein bisschen zu bewegen (wenn man genug läuft). Außerdem ist es **immer** schön, sich hin und wieder ein neues Hemd oder ein Paar Schuhe zu gönnen!

Ich hatte einen **langen** Arbeitstag und endlich etwas Zeit für mich, also beschloss ich, im Einkaufszentrum einkaufen zu gehen. Ich brauchte ein paar neue Kleider für die **kommende** Saison. Sobald ich das Einkaufszentrum betrat, sah ich all die hellen Lichter und die glänzenden Schaufensterfronten. Ich ging zuerst in mein Lieblingsgeschäft und stöberte durch die Regale. Ich fand ein paar hübsche Oberteile und probierte sie in der Umkleidekabine an. Als ich mich im Spiegel betrachtete, hörte ich, wie jemand in die Umkleidekabine neben mir kam.

Anlama soruları

1. En çok nerede depolamayı seviyorsunuz?

2. Alışveriş merkezindeki favori mağazanız hangisi?

3. Alışveriş merkezinde genellikle ne kadar kalırsınız?

4. Alışveriş merkezinde çok zaman geçiren insanlar hakkında ne düşünüyorsunuz? 5. Alışveriş merkezinde yapmayı en çok sevdiğiniz şey nedir?

6. Hiç gerçekten ihtiyacınız olmadığı halde alışveriş merkezinden bir şey satın aldınız mı?

7. Alışveriş merkezinde gerçekten hoşunuza gidecek bir şey gördüğünüzde ama çok pahalı olduğunda nasıl tepki verirsiniz?

8. Hiç alışveriş merkezinde bir şey görüp kimin alacağını merak ettiniz mi?

Fragen zum Verständnis

1. Wo lagern Sie am liebsten?

2. Welches ist Ihr Lieblingsgeschäft im Einkaufszentrum?

3. Wie lange bleiben Sie normalerweise im Einkaufszentrum?

4. Was denken Sie über Menschen, die viel Zeit im Einkaufszentrum verbringen? 5. Was machst du am liebsten in einem Einkaufszentrum?

6. Haben Sie schon einmal etwas im Einkaufszentrum gekauft, obwohl Sie es nicht wirklich brauchten?

7. Wie reagieren Sie, wenn Sie im Einkaufszentrum etwas sehen, das Ihnen wirklich gefallen würde, aber zu teuer ist?

8. Haben Sie schon einmal etwas im Einkaufszentrum gesehen und sich gefragt, wer es wohl kaufen würde?

Pazarda

Cumartesi sabahı erkenden kalkıyorum, çok kalabalık olmadan **pazara gitmeye** hevesliyim. Üzerime bir şeyler giyip kapıdan çıkıyorum ve yolda yeniden kullanılabilir çantalarımı alıyorum. Yürürken, önümüzdeki hafta için ne yapmak istediğimi planlamaya başlıyorum. En az bir kez sebze **kızartmak** istediğimi biliyorum, bu yüzden kaliteli sebzeler almam gerekecek. Ayrıca bir çorba ya da güveç yapmak istiyorum, bu yüzden biraz et de almam gerekecek. Oraya gittiğimde nelerin iyi göründüğüne bakmam gerekecek. Pazar sadece birkaç blok ötede ve şimdiden kurulan tezgahları ve etrafta dolaşan **insanları** görebiliyorum.

Pazara varıyorum ve doğruca sebze standına gidiyorum. Seçim çok güzel ve çantalarımı çeşitli **taze** ürünlerle dolduruyorum. Çiftçiyle biraz sohbet ediyorum ve bana bazı tarifler öneriyor. Onları denemek için heyecanlıyım. Alışveriş yaparken **çiftçilerle** sohbet ediyor, onları ve ürünlerini tanıyorum. İhtiyacım olan tüm sebzeleri aldıktan sonra et reyonuna geçiyorum. Ne almak istediğimden emin olmadığım için burada biraz daha tereddütlüyüm. Sonunda çok yönlü olduğu ve çeşitli yemeklerde kullanılabildiği için tavukta karar kılıyorum. Ayrıca otla beslenen sığır eti ve serbest gezen **tavuk** almaya dikkat ederek birkaç farklı et

Auf dem Markt

Am Samstagmorgen wache ich früh auf und will unbedingt auf den **Markt**, bevor es zu voll wird. Ich ziehe mir etwas an und gehe zur Tür hinaus, wobei ich unterwegs meine wiederverwendbaren Taschen mitnehme. Auf dem Weg dorthin überlege ich, was ich in der kommenden Woche zubereiten möchte. Ich weiß, dass ich mindestens einmal Gemüse **braten** will, also muss ich gutes Gemüse kaufen. Außerdem möchte ich eine Suppe oder einen Eintopf kochen, also muss ich auch etwas Fleisch kaufen. Ich muss sehen, was gut aussieht, wenn ich dort bin. Der Markt ist nur ein paar Häuserblocks entfernt, und ich sehe schon die aufgebauten Stände und die **Menschen, die** sich dort tummeln.

Ich komme auf dem Markt an und steuere direkt auf den Gemüsestand zu. Die Auswahl ist großartig, und ich fülle meine Taschen mit einer Vielzahl von **frischen** Produkten. Ich unterhalte mich ein wenig mit dem Landwirt, und er empfiehlt mir einige Rezepte. Ich bin gespannt darauf, sie auszuprobieren. Beim Einkaufen plaudere ich mit den **Landwirten** und lerne sie und ihre Produkte kennen. Nachdem ich alles Gemüse eingekauft habe, was ich brauche, gehe ich zur Fleischabteilung. Hier bin ich etwas zögerlicher, da ich

parçası satın alıyorum. Kasap dost canlısı bir adamdı, uzun saatler çalışmasına rağmen her zaman neşeliydi. Hafta sonu planları hakkında benimle sohbet etmeden önce tavuk göğsümü ve bifteğimi paketledi. Ona veda ettim ve yoluma devam ettim. Süt ürünleri reyonundan da biraz yumurta ve peynir aldım.

Pazar insanlarla dolup taşıyordu, hepsi de sunulan taze ürün ve etlerden almak için sabırsızlanıyordu. Havaya sarımsak ve soğan kokusu sinmiş, kahkaha ve sohbet sesleri havayı doldurmuştu. Kalabalığın arasından geçerek haftalık alışverişim için ihtiyacım olan diğer ürünleri seçtim. Kasaya gitmeden önce **sepetimi** meyve ve sebze, makarna ve ekmekle doldurdum. Kuyruk uzundu ama çabuk ilerledi. Nihayet son alışveriş **de yapılmıştı** ve eve gitme vakti gelmişti. Araba yüklendi ve eve dönüş yolu uzun ve sıkıcıydı.

mir nicht sicher bin, was ich kaufen möchte. Schließlich entscheide ich mich für Hühnerfleisch, weil es vielseitig ist und für eine Vielzahl von Gerichten verwendet werden kann. Ich kaufe auch ein paar verschiedene Fleischsorten, wobei ich darauf achte, dass ich Rindfleisch aus Weidehaltung und **Hühnerfleisch** aus Freilandhaltung kaufe. Der Metzger war ein freundlicher Mann, der trotz seiner langen Arbeitszeiten immer gut gelaunt war. Er wickelte meine Hühnerbrust und mein Steak ein und plauderte mit mir über seine Pläne für das Wochenende. Ich verabschiedete mich von ihm und setzte meinen Weg fort. Ich kaufte auch noch ein paar Eier und Käse aus der Molkereiabteilung.

Auf dem Markt herrschte reges Treiben, und alle wollten die frischen Produkte und das Fleisch, die angeboten wurden, kaufen. Die Luft war dick mit dem Geruch von Knoblauch und Zwiebeln, und das Lachen und die Gespräche erfüllten die Luft. Ich bahnte mir einen Weg durch die Menge und suchte mir die anderen Artikel für meinen Wocheneinkauf aus. Ich füllte meinen **Korb** mit Obst und Gemüse, Nudeln und Brot, bevor ich mich auf den Weg zur Kasse machte. Die Schlange war lang, aber sie bewegte sich schnell. Schließlich waren die letzten **Lebensmittel** eingekauft, und es war Zeit, nach Hause zu fahren. Das Auto wurde beladen, und die Fahrt nach Hause war lang und mühsam.

Anlama soruları

1. Kişi nereye gidiyor?

2. Kişi ne satın almak istiyor?

3. Kişinin kaç çantası var?

4. Pazar ne kadar uzakta?

5. Kişi şu anda ne yapıyor?

6. Piyasadaki her şey nedir?

7. Pazarda kaç kişi var?

8. Kişinin her şeyi satın alması ne kadar sürdü?

9. Kişi evine nasıl gitti?

10. Kişi eve gittiğinde ne yaptı?

Fragen zum Verständnis

1. Wohin geht die Person?

2. Was möchte die Person kaufen?

3. Wie viele Taschen hat die Person?

4. Wie weit ist der Markt entfernt?

5. Was macht die Person im Moment?

6. Was ist alles auf dem Markt?

7. Wie viele Personen befinden sich auf dem Markt?

8. Wie lange hat die Person gebraucht, um alles zu kaufen?

9. Wie ist die Person nach Hause gegangen?

10. Was hat die Person getan, als sie nach Hause kam?

Bir Kafede

Serin bir **sonbahar** sabahıydı ve arkadaşım Lily ile en sevdiğimiz kafede buluşup bir kahve içmek için sözleşmiştik. Paltomu ve atkımı sımsıkı sarındım ve yola koyuldum. Ağaçlardan yapraklar dökülüyordu ve havada bir ısırık vardı ama güneş parlıyordu ve güzel bir gün olacağa benziyordu. Yürürken Lily gibi bir arkadaşa sahip olmanın ne kadar iyi olduğunu **düşündüm. Üniversitede** tanıştığımızdan beri yıllardır arkadaştık. Kahve sevgimiz ve kafelerde sohbet ederek vakit geçirmemiz sayesinde birbirimize bağlanmıştık. Artık şehrin farklı yerlerinde yaşıyor olsak da haftada bir kahve içmek için buluşmayı başarıyorduk. Kafeye vardığımda Lily çoktan orada beni bekliyordu. Birbirimize sarılıp selamlaştık ve ardından kahvelerimizi sipariş ettik. Pencere kenarında bir masa bulduk ve sohbet etmek için yerleştik. **Kahve** her zamanki gibi çok lezzetliydi ve Lily ile hasret gidermek çok güzeldi. Haftamız, işlerimiz ve gelecek planlarımız hakkında konuştuk. Lily ile konuşmak her zaman çok kolaydı ve ona her şeyi anlatabileceğimi hissediyordum. Bir süre sonra acıkmaya başladık ve yemek sipariş etmeye **karar verdik.**

Yemeğimizi **sipariş** ettik ve cam kenarında bir koltuk bulduk. Güneş pencereden içeri giriyor, her şeyi sıcak ve mutlu hissettiriyordu. Yemeğimizi yerken

Im Kaffeehaus

Es war ein kühler Herbstmorgen, und ich hatte mich mit meiner Freundin Lily in unserem Lieblingscafé auf einen Kaffee verabredet. Ich wickelte mich warm in meinen Mantel und meinen Schal ein und machte mich auf den Weg. Die Blätter fielen von den Bäumen, und die Luft war etwas frisch, aber die Sonne schien, und es versprach, ein schöner Tag zu werden. Während ich ging, **dachte ich** darüber nach, wie gut es war, eine Freundin wie Lily zu haben. Wir waren seit Jahren befreundet, seit wir uns an der **Universität** kennen gelernt hatten. Uns verband die Liebe zum Kaffee und zum Plaudern in Cafés. Obwohl wir inzwischen in verschiedenen Stadtteilen wohnten, trafen wir uns immer noch einmal in der Woche auf einen Kaffee. Als ich im Café ankam, war Lily schon da und wartete auf mich. Wir umarmten uns zur Begrüßung und bestellten unsere Kaffees. Wir suchten uns einen Tisch am Fenster und setzten uns, um zu plaudern. Der **Kaffee** war wie immer köstlich, und es war so schön, sich mit Lily zu unterhalten. Wir sprachen über unsere Woche, unsere Jobs und unsere Pläne für die Zukunft. Es war immer so einfach, mit Lily zu reden, und ich hatte das Gefühl, dass ich ihr alles sagen konnte. Nach einer Weile wurden wir hungrig und **beschlossen,** etwas zu essen zu bestellen.

sohbet ettik, birbirimizin **yanında** olmanın basit zevkinin tadını çıkardık. Kafe kalabalıktı ama kalabalık hissettirmiyordu. Havada bir huzur ve memnuniyet hissi vardı. Yemeğimizi bitirdikten sonra bir süre daha oturduk ve huzurlu **atmosferin** tadını çıkardık. Bir süre hayatlarımızda olup biten farklı şeyler hakkında konuştuk. Arkadaşımla hasret gidermek ve **rahatlamak** çok güzeldi. Pencereden güneş parlıyordu ve **hiçbir şey** mükemmel günümüzü mahvedemezmiş gibi hissediyorduk.

Birden büyük bir gürültü duydum. Arkamı döndüğümde bir adamın tavandan düştüğünü ve önümüzde yerde yattığını gördüm. Üstü **başı** toz ve moloz içindeydi ve baygın görünüyordu. Yerde yatan adama bakarken arkadaşım da ben de şok içindeydik. Ne yapacağımızı ya da yardım için kimi arayacağımızı bilmiyorduk. Ne yapacağımızı bilmeden öylece oturup ona baktık. Birkaç dakika sonra kendime geldim ve 911'i aradım.

Wir **bestellten** unser Essen und suchten uns einen Platz am Fenster. Die Sonne schien durch das Fenster herein und verlieh allem eine warme und fröhliche Atmosphäre. Wir unterhielten uns, während wir aßen, und genossen das einfache Vergnügen, in der **Gesellschaft** des anderen zu sein. Das Café war gut besucht, aber es fühlte sich nicht überfüllt an. Es lag ein Gefühl von Frieden und Zufriedenheit in der Luft. Als wir mit dem Essen fertig waren, saßen wir noch eine Weile und genossen die friedliche **Atmosphäre**. Wir unterhielten uns noch eine Weile über verschiedene Dinge, die in unserem Leben passiert waren. Es war so schön, sich mit meiner Freundin auszutauschen und einfach **zu entspannen**. Die Sonne schien durch das Fenster, und wir hatten das Gefühl, dass **nichts** unseren perfekten Tag stören konnte.

Plötzlich hörte ich ein lautes Krachen. Ich drehte mich um und sah, dass ein Mann durch die Decke gefallen war und vor uns auf dem Boden lag. Er war mit Staub und Trümmern **bedeckt** und schien bewusstlos zu sein. Mein Freund und ich standen beide unter Schock und starrten auf den Mann, der auf dem Boden lag. Wir wussten nicht, was wir tun oder wen wir um Hilfe bitten sollten. Wir saßen einfach da und starrten ihn an, ohne zu wissen, was wir tun sollten. Nach ein paar Minuten riss ich mich zusammen und rief 911 an.

Anlama soruları

1. Çatıdan düşen adam nereden geliyor?

2. Kadın neden arkadaşıyla birlikte kafede?

3. İki arkadaşın en sevdiği kafe hangisi?

4. İki arkadaş birbirlerini ne kadar zamandır tanıyorlar?

5. İki arkadaşın en sevdiği içecek nedir?

6. İki arkadaş hangi şehirde yaşıyor?

7. İki arkadaş ne sıklıkla buluşuyor?

8. İki arkadaş en sevdikleri kafede ilk karşılaştıklarında ne hakkında konuşurlar?

9. İki arkadaşın en sevdiği yemek nedir?

Fragen zum Verständnis

1. Woher kommt der Mann, der durch das Dach fällt?

2. Warum ist die Frau mit ihrer Freundin im Café?

3. Welches ist das Lieblingscafé der beiden Freunde?

4. Wie lange kennen sich die beiden Freunde schon?

5. Was ist das Lieblingsgetränk der beiden Freunde?

6. In welcher Stadt leben die beiden Freunde?

7. Wie oft treffen sich die beiden Freunde?

8. Worüber sprechen die beiden Freunde, als sie sich zum ersten Mal in ihrem Lieblingscafé treffen?

9. Was ist das Lieblingsessen der beiden Freunde?

Yüzmeye Gidiyoruz

Havuz her zaman **ferahlatıcı bir** yer olmuştur ve bugün de durum farklı değildi. Güneş parlıyordu ve su davetkâr görünüyordu. Derin bir nefes aldım ve suyun serin kucağını hissederek daldım. Bir süre tur yüzdüm, egzersizin ve kafamı boşaltma fırsatının tadını çıkardım. Bir süre sonra çıktım ve kurulandım, ardından güneşin altında dinlenmek için bir havlunun üzerine oturdum. Gözlerimi kapattım ve kaslarımın gevşemeye başladığını hissederek **sıcaklığın üzerimden geçmesine** izin verdim. Birden bir su sesi duydum ve gözlerimi açtığımda küçük kız kardeşimin sığlıkta **kürek çektiğini** gördüm. Gülümsedim ve bir süre onu izledim, sonra ayağa kalktım ve ona doğru yürüdüm. Biraz sohbet ettik ve birbirimizin arkadaşlığından keyif alarak birlikte kürek çektik. Kısa süre sonra ailelerimiz de bize katıldı ve öğleden sonranın geri kalanını birlikte yüzerek ve oyunlar oynayarak geçirdik. Havuzda ailece vakit geçirmek her zaman çok güzeldi. Suyun içinde olmanın insanları bir araya getiren **bir yanı** var. Belki de suyun içindeyken hepimiz eşit olduğumuz içindir - kusurlarımızı saklayamayız veya olmadığımız bir şeymiş gibi davranamayız. Ya da belki sadece eğlenceli olduğu içindir! Sebep her **ne olursa olsun,** böylesine özel bir yerde bir araya gelebildiğimiz ve birbirimizin arkadaşlığından keyif alabildiğimiz için çok mutluydum.

Schwimmen gehen

Der Pool war immer ein **erfrischender** Ort, und heute war es nicht anders. Die Sonne schien und das Wasser sah einladend aus. Ich holte tief Luft, tauchte ein und spürte die kühle Umarmung des Wassers. Ich schwamm eine Weile meine Runden, genoss die Bewegung und die Möglichkeit, den Kopf frei zu bekommen. Nach einer Weile stieg ich aus dem Wasser und trocknete mich ab, dann setzte ich mich auf ein Handtuch, um mich in der Sonne zu entspannen. Ich schloss die Augen und ließ die **Wärme** über mich ergehen, während sich meine Muskeln zu entspannen begannen. Plötzlich hörte ich ein Plätschern und öffnete die Augen, um meine kleine Schwester zu sehen, **die** im flachen Wasser herumplanschte. Ich lächelte und sah ihr eine Weile zu, dann stand ich auf und ging zu ihr hinüber. Wir unterhielten uns eine Weile, paddelten zusammen und genossen die Gesellschaft des anderen. Bald gesellten sich unsere Eltern zu uns, und wir verbrachten den Rest des Nachmittags mit Schwimmen und gemeinsamen Spielen. Es war immer schön, Zeit mit der Familie im Schwimmbad zu verbringen. **Der** Aufenthalt im Wasser scheint die Menschen zusammenzubringen. Vielleicht liegt es daran, dass wir alle gleich sind, wenn wir im Wasser sind - wir können unsere Schwächen nicht verstecken

Güneş tenimi dövüyordu ve havada klor kokusu vardı. Havuzda gülüşen ve su sıçratan çocukların seslerini duyabiliyordum. Havuzun yanındaki bir **şezlonga** uzanmış, güneşi içime çekiyor ve günün **tadını** çıkarıyordum. Gözlerim kapalıydı ve tam uykuya dalmak üzereydim ki birinin bana doğru yürüdüğünü duydum. Gözlerimi açtım ve yanımda duran bir kadın gördüm. Bikini giymişti ve beline bir havlu sarmıştı. Uzun sarı saçları ve mavi gözleri vardı. Elinde bir şişe **güneş kremi** tutuyordu. "Sırtınıza biraz güneş kremi sürmemin sakıncası var mı?" diye sordu. "Hayır, sorun değil" dedim, sırtıma uzanabilmesi için doğruldum. Güneş kremini sürerken ellerini tenimde hissettim.

oder vorgeben, etwas zu sein, was wir nicht sind. Oder vielleicht liegt es einfach daran, dass es Spaß macht! **Was auch immer** der Grund ist, ich war einfach froh, dass wir alle zusammenkommen und die Gesellschaft des anderen an einem so besonderen Ort genießen konnten.

Die Sonne brannte auf meine Haut und der Geruch von Chlor lag in der Luft. Ich hörte das Lachen der Kinder, die im Pool planschten. Ich lag auf einem Liegestuhl neben dem Pool, genoss die Sonne und **den** Tag. Ich hatte meine Augen geschlossen und wollte gerade einschlafen, als ich hörte, wie jemand auf mich zukam. Ich öffnete meine Augen und sah eine Frau neben mir stehen. Sie trug einen Bikini und hatte sich ein Handtuch um die Taille geschlungen. Sie hatte langes blondes Haar und blaue Augen. In der Hand hielt sie ein Fläschchen mit **Sonnenschutzmittel**. "Stört es Sie, wenn ich Ihnen den Rücken eincreme?", fragte sie. "Nein, das ist in Ordnung", sagte ich und setzte mich auf, damit sie meinen Rücken erreichen konnte. Ich spürte ihre Hände auf meiner Haut, als sie das Sonnenschutzmittel auftrug.

Anlama soruları

1. Anlatıcı hikayeye başladığında neredeydi?

2. Anlatıcı gözlerini açtığında ne kokuyor?

3. Anlatıcı gözlerini açtığında ne duyuyor?

4. Kadın anlatıcıya kimin güneş kremini veriyor?

5. Anlatıcı ne hakkında rüya görüyor?

6. Denizde yüzmek anlatıcı için neden bu kadar özeldir?

7.Anlatıcının içinde yüzdüğü su nasıl bir his veriyor?

8. Anlatıcı sudan çıktığında ne görüyor?

9. Kadın güneş kremini anlatıcıya sürdükten sonra ne yapıyor?

Fragen zum Verständnis

1. Wo war der Erzähler, als er die Geschichte begann?

2. Was riecht der Erzähler, wenn er seine Augen öffnet?

3. Was hört der Erzähler, als er seine Augen öffnet?

4. Wem gehört die Sonnencreme, die die Frau dem Erzähler gibt?

5. Wovon träumt der Erzähler?

6. Warum ist das Schwimmen im Meer für den Erzähler so besonders?

7. wie fühlt sich das Wasser an, in dem der Erzähler schwimmt?

8. Was sieht der Erzähler, als er aus dem Wasser kommt?

9. Was tut die Frau, nachdem sie den Erzähler mit Sonnencreme eingecremt hat?

Çim Biçme

Bir yaz **Cumartesi günü saat** sabahın 10'u ve güneş acımasızca vurmaya başladı bile. Çim biçme makinesini almak için garaja gidiyorsunuz ve kendinizi ağır işlerde çalışmaya **mahkum edilmiş** gibi hissediyorsunuz. Çimleri biçmeye başlıyorsunuz, hiçbir noktayı kaçırmamak için yavaşça ilerlediğinizden emin oluyorsunuz. Biçerken, dışarıda temiz havada olmanın ne kadar iyi hissettirdiğini düşünüyorsunuz. Çim biçme makinesini çimlerin üzerinde ileri geri itmeye başladığınızda, **göz ucuyla** komşunuzu görüyorsunuz. El sallayıp selam veriyorsunuz ve o da size el sallıyor.

Birkaç dakika sonra işiniz bitiyor ve ön bahçede bira içmek için komşunuzun evine gidiyorsunuz. **Mükemmel** bir gün; çok sıcak değil, hafif bir meltem esiyor. Ağacın gölgesinde oturup biranızı yudumluyor ve komşunuzla sohbet ediyorsunuz. İşte böyle günler yaz mevsiminin kıymetini bilmenizi sağlar. Sonra hak edilmiş bir bira için içeri giriyorsunuz. Ön verandadaki sandalyeye çöküp kutuyu açıyorsunuz ve memnun bir iç çekiş yapıyorsunuz. Siz gölgede dinlenip anın **huzurunun** tadını çıkarırken çim biçme makinesinin sesi arka planda kayboluyor. Sıcakta o kadar çalıştıktan sonra biranın tadı daha da güzelleşiyor. Tam içeri girmek üzereydim ki yan odadan bir ses duydum.

Den Rasen mähen

Es ist 10 Uhr morgens an einem **Sommersamstag**, und die Sonne brennt bereits erbarmungslos auf die Erde. Sie stapfen in die Garage, um den Rasenmäher zu holen, und haben das Gefühl, dass Sie zu harter Arbeit **verurteilt werden**. Du fängst an, den Rasen zu mähen, wobei du darauf achtest, dass du schön langsam vorgehst, damit du keine Stelle übersiehst. Während du mähst, denkst du daran, wie gut es sich anfühlt, draußen an der frischen Luft zu sein. Als du den Rasenmäher hin und her schiebst, siehst du aus dem **Augenwinkel** deinen Nachbarn. Sie winken und grüßen, und er winkt zurück.

Nach ein paar Minuten sind Sie fertig und gehen zum Haus Ihres Nachbarn, um mit ihm im Vorgarten ein Bier zu trinken. Es ist ein **perfekter** Tag - nicht zu heiß, und es weht eine leichte Brise. Sie sitzen im Schatten des Baumes, nippen an Ihrem Bier und unterhalten sich mit Ihrem Nachbarn. Es sind Tage wie dieser, an denen man den Sommer zu schätzen weiß. Dann **gehen Sie** ins Haus, um ein wohlverdientes Bier zu trinken. Sie lassen sich in einen Stuhl auf der Veranda fallen, öffnen die Dose und lassen einen zufriedenen Seufzer los. Das Geräusch des Rasenmähers tritt in den Hintergrund, während du dich im Schatten

Sanki biri ağlıyor **gibiydi.** Biçmeyi bıraktım ve bahçelerimizi ayıran çite doğru yürüdüm. Baktım ve komşum Bayan Johnson'ın verandasındaki salıncağında ağladığını gördüm. Ona seslendim ama beni duymadı. Çitin üzerinden tırmandım ve ona doğru yürüdüm. "Bayan Johnson, iyi misiniz?" diye sordum. Gözlerinde yaşlarla bana baktı ve başını salladı. "Hayır, iyi değilim" dedi. "Kedim dün öldü." Şok olmuştum. Ne diyeceğimi bilemedim. Ne yapacağımı bilemeden öylece durdum. Sonunda elimi **omzuna** koydum ve şöyle dedim: "Çok üzgünüm Bayan Johnson. Yardımcı olabileceğim bir şey olursa lütfen bana haber verin. " Başını salladı ve "Hayır, kimsenin yapabileceği bir **şey yok**" dedi. Sonra ayağa kalktı ve evine girdi. Bir an ne yapacağımı bilemeden öylece durdum. Sonra çimlerimi biçmeye geri döndüm. İşimi bitirdiğimde Bayan Johnson ve kedisini düşünmeden edemedim.

entspannst und die **Ruhe** des Augenblicks genießt. Das Bier schmeckt besonders gut nach all der harten Arbeit in der Hitze. Ich wollte gerade ins Haus gehen, als ich nebenan ein Geräusch hörte.

Es **hörte sich an**, als ob jemand weinen würde. Ich hörte auf zu mähen und ging zu dem Zaun, der unsere Gärten trennte. Ich spähte hinüber und sah meine Nachbarin, Mrs. Johnson, weinend auf ihrer Verandaschaukel. Ich rief nach ihr, aber sie hörte mich nicht. Ich kletterte über den Zaun und ging zu ihr hinüber. "Mrs. Johnson, geht es Ihnen gut?" fragte ich. Sie schaute mich mit Tränen in den Augen an und schüttelte den Kopf. "Nein, mir geht es nicht gut", sagte sie. "Meine Katze ist gestern gestorben." Ich war schockiert. Ich wußte nicht, was ich sagen sollte. Ich stand nur unbeholfen da und wusste nicht, was ich tun sollte. Schließlich legte ich ihr die Hand auf die **Schulter** und sagte: "Es tut mir so leid, Mrs. Johnson. Wenn ich Ihnen irgendwie helfen kann, lassen Sie es mich bitte wissen. "Sie schüttelte den Kopf und sagte: "Nein, es gibt **nichts**, was man tun könnte." Dann stand sie auf und ging in ihr Haus. Ich stand einen Moment lang da und wusste nicht, was ich tun sollte. Dann mähte ich wieder meinen Rasen. Als ich fertig war, musste ich unweigerlich an Frau Johnson und ihre Katze denken.

Anlama soruları

1. Saat kaç oldu?

2. Biçen kişi nerede?

3. Kişi nasıl hissediyor?

4. Kişi neden yavaş biçmek zorunda?

5. Nasıl bir hava var?

6. Biçme işleminden sonra kişi ne yapıyor?

7. Kişi eve gitmeden önce ne duyuyor?

8. Bayan Johnson'ın yanında kim var?

9. Bayan Johnson neden ağlıyor?

10. Kişi Bayan Johnson'a ne söylüyor?

Fragen zum Verständnis

1. Wie spät ist es?

2. Wo mäht die Person?

3. Wie fühlt sich die Person?

4. Warum muss die Person langsam mähen?

5. Was für ein Wetter ist es?

6. Was macht die Person nach dem Mähen?

7. Was hört die Person, bevor sie nach Hause geht?

8. Wer ist bei Mrs. Johnson?

9. Warum weint Mrs. Johnson?

10. Was sagt die Person zu Frau Johnson?

Saç Kesimi Yaptırmak

Haftalardır saçlarımı kestirmek istiyordum ama bir şekilde hep ertelemeyi başarıyordum. Ancak **Noel yaklaşırken,** bunu daha fazla erteleyemeyeceğimi biliyordum. Ailemin Noel yemeğine dağınık bir şekilde gitmek istemiyordum. Bu yüzden Noel sabahı erkenden kuaföre gittim. Saat erken olmasına rağmen, salon tatil için saçlarını yaptıran diğer insanlarla çoktan dolmuştu. Sıradaki yerimi aldım ve sıramı bekledim. Nihayet sıra bana gelmişti. Jill adında güler yüzlü bir kadın olan stilist bana ne istediğimi sordu. "Sadece bir düzeltme, çok sert bir şey değil," diye cevap verdim. Jill işe koyuldu ve saçımı kesmeye başladı. O çalıştıkça ben de rahatlamaya başladım. Sonunda kendime bakıyor olmak iyi hissettiriyordu. Son zamanlarda herkesle ilgilenmekle o kadar meşguldüm ki, kendi ihtiyaçlarımı bir kenara bırakmıştım. Ama **artık öyle** değil. Şu andan itibaren kendime zaman ayıracaktım.

Jill işini bitirdiğinde aynaya baktım ve gördüklerimden memnun kaldım. Saçlarım derli toplu ve cilalı görünüyordu - tatil toplantıları için mükemmeldi. Jill'e **teşekkür** ettim ve daha sık gelmek için aklıma bir not aldım. Şu andan itibaren, her şeyden önce kendime bakacağım. Saçımı kesmek için işe koyuldu.

Zum Haareschneiden gehen

Ich wollte mir schon seit Wochen die Haare schneiden lassen, aber irgendwie habe ich es immer wieder aufgeschoben. Aber da **Weihnachten vor der** Tür stand, wusste ich, dass ich es nicht länger aufschieben konnte. Ich wollte beim Weihnachtsessen meiner Familie nicht wie ein schmuddeliges Häufchen Elend dastehen. Also machte ich mich am frühen Weihnachtsmorgen auf den Weg zum Friseur. Obwohl es noch früh war, war der Salon schon voll mit anderen Leuten, **die sich** für die Feiertage die Haare machen ließen. Ich nahm meinen Platz in der Schlange ein und wartete, bis ich an der Reihe war. Endlich war ich mit dem Stuhl dran. Die Friseurin, eine freundliche Frau namens Jill, fragte mich, was ich wollte. "Nur einen Trimmschnitt, nichts allzu Drastisches", antwortete ich. Jill machte sich an die Arbeit und schnippelte an meinem Haar herum. Während sie arbeitete, begann ich mich zu entspannen. Es war ein gutes Gefühl, mich endlich um mich selbst zu kümmern. In letzter Zeit war ich so sehr damit beschäftigt gewesen, mich um alle anderen zu kümmern, dass ich meine eigenen Bedürfnisse vernachlässigt hatte. Aber das war **vorbei**. Von nun an wollte ich mir Zeit für mich nehmen.

Sonunda saçlarımı kestirebildiğim için ne kadar minnettar olduğumu düşündüm. Noel **yemeği için şık** görüneceğimi bilmek iyi hissettiriyordu. Artık ailemin "pasaklı" görünümümle alay etmesinden endişe etmeme gerek kalmayacaktı. Birkaç dakika sonra stilist saçımı kesmeyi bitirdi ve bana hızlı bir fön çekti. Aynaya baktım ve gördüğümden memnun kaldım - Noel yemeği için mükemmel olacak temiz kesimli bir görünüm. Saç kesimim aradan çıktığına göre artık ailemle birlikte tatilin tadını çıkarmaya odaklanabilirdim. Ve bunun için daha da minnettardım.

Als Jill fertig war, schaute ich in den Spiegel und war mit dem, was ich sah, zufrieden. Mein Haar sah ordentlich und glänzend aus - perfekt für Festtagsfeiern. Ich **bedankte mich bei** Jill und nahm **mir vor, öfter wiederzukommen**. Von nun an werde ich mich in erster Linie um mich selbst kümmern. Sie machte sich an die Arbeit und schnippelte an meinem Haar herum. Ich dachte darüber nach, wie dankbar ich war, dass ich endlich dazu gekommen war, mir die Haare schneiden zu lassen. Es war ein gutes Gefühl zu wissen, dass ich zum **Weihnachtsessen** vorzeigbar aussehen würde. Ich würde mir keine Sorgen mehr machen müssen, dass meine Familie mich wegen meines "ungepflegten" Aussehens hänseln würde. Nach ein paar Minuten war der Friseur mit dem Schneiden meiner Haare fertig und föhnte sie kurz. Ich schaute in den Spiegel und war zufrieden mit dem, was ich sah - ein gepflegtes Aussehen, das perfekt für das Weihnachtsessen sein würde. Jetzt, da der Haarschnitt erledigt war, konnte ich mich darauf konzentrieren, die Feiertage mit meiner Familie zu genießen. Und dafür war ich umso dankbarer.

Anlama soruları

1. Kahramanın Noel'den önce ne yapması gerekiyordu?

2. Kahraman kendine bakma konusunda nasıl hissediyordu?

3. Kahramanın saçını kim kesti?

4. Kahramanın ailesi neden onunla alay edecekti?

5. Kahraman saçını kestirdikten sonra nasıl hissetti?

6. Kahraman saçını kestirdikten sonra ne yaptı?

7. Kahramanın ailesinin saç kesimine tepkisi ne oldu?

8. Kahraman Noel arifesinde ne yapmıştır?

9. Kahramanın deneyimini daha özel kılan neydi?

Fragen zum Verständnis

1. Was musste der Protagonist vor Weihnachten tun?

2. Wie hat sich die Protagonistin gefühlt, als sie für sich selbst sorgte?

3. Wer hat dem Protagonisten die Haare gestutzt?

4. Warum wollte die Familie der Protagonistin sie hänseln?

5. Wie hat sich die Protagonistin gefühlt, nachdem sie ihren Haarschnitt bekommen hat?

6. Was hat die Protagonistin getan, nachdem sie sich die Haare schneiden ließ?

7. Wie hat die Familie der Protagonistin auf ihren Haarschnitt reagiert?

8. Was hat der Protagonist an Heiligabend gemacht?

9. Was hat die Erfahrung des Protagonisten zu etwas Besonderem gemacht?

Park

Güneş batıyordu ve park boştu. Bankta oturmuş **arkadaşımı** bekliyordum. Bir saat önce burada buluşmayı planlamıştık ama o hep geç kalıyordu. Tam pes edip eve gitmek üzereyken onun bana doğru koştuğunu gördüm.

"Çok üzgünüm," diye soluk soluğa bankın yanına ulaştı. "Trenim **rötar** yaptı."

"Sorun değil," dedim **bağışlayıcı bir şekilde**. "Ben de yeni geldim."

Oturduk ve bir süre sohbet ettik, son görüşmemizden bu yana birbirimizin hayatlarını konuştuk. Sohbet **kolayca** aktı ve birbirimizi son gördüğümüzden bu yana hiç zaman geçmemiş gibi hissettik. Güneş batarken vedalaştık ve yollarımızı ayırdık. Bir sonraki buluşmamız başka bir parktaydı. Yine geç kalmıştı ama ben aldırmadım. Beni **anlayan** biriyle konuşmak güzeldi. Hayallerimizden ve **özlemlerimizden,** hayatımızda yapmak istediğimiz şeylerden bahsettik. O bana dünyayı gezme planlarından bahsetti, ben de yazar olma hayalimi paylaştım. Bir gün daha güneş batarken bir kez daha vedalaştık ve bu sefer iletişimde kalacağımıza söz verdik.

Yıllar geçti ve artık ülkenin farklı yerlerinde yaşıyor olsak da **arkadaşlığımız** güçlü kaldı. Mektuplar ve

Im Park

Die Sonne ging gerade unter, und der Park war leer. Ich saß auf der Bank und wartete auf meine **Freundin**. Wir hatten uns vor einer Stunde hier verabredet, aber sie kam immer zu spät. Gerade als ich aufgeben und nach Hause gehen wollte, sah ich sie auf mich zulaufen.

"Es tut mir so leid", keuchte sie, als sie die Bank erreichte. "Mein Zug **hatte Verspätung**."

"Ist schon gut", sagte ich **verzeihend**. "Ich bin auch gerade erst gekommen."

Wir setzten uns hin und unterhielten uns eine Weile, wobei wir uns über das Leben des jeweils anderen unterhielten, seit wir uns das letzte Mal gesehen hatten. Die Unterhaltung verlief **mühelos**, und es kam uns vor, als sei seit unserer letzten Begegnung überhaupt keine Zeit vergangen. Als die Sonne unterging, verabschiedeten wir uns und gingen unsere eigenen Wege. Das nächste Mal, als wir uns trafen, war es in einem anderen Park. Wieder war sie spät dran, aber das machte mir nichts aus. Es war schön, jemanden zum Reden zu haben, der mich **verstand**. Wir sprachen über unsere Träume und **Hoffnungen**, über die Dinge, die wir in unserem Leben tun wollten. Sie erzählte mir von ihren Plänen, die Welt zu bereisen, und ich erzählte von meinem Traum, Schriftstellerin zu werden. Als die Sonne an einem anderen Tag unterging,

ara sıra yaptığımız telefon görüşmeleri aracılığıyla iletişimimizi sürdürdük ve birbirimizle hayatlarımızdan haberler paylaştık. Evleneceğini açıkladığında **şaşırmadım** - her zaman **maceracı bir** tip olmuştu. Ama yaşadığım yerden dünyanın öbür ucunda gerçekleşecek düğün töreninde baş nedimesi olup olamayacağımı sorduğunda... ikna olmam biraz zaman aldı! Sonunda en iyi arkadaşımın yanında ben olmadan evlenmesine izin veremezdim, bu yüzden korkularıma rağmen (ve ondan çok yalvardıktan sonra!) Hayatımın **macerasına** dönüşen şey için birlikte gitmeyi **kabul ettim.**

Düğün günü nihayet gelmişti. Gergindim ama arkadaşımın hayatındaki böylesine önemli bir anın parçası olacağım için heyecanlıydım. Tören çok güzeldi ve yeminlerini ederken mutlu görünüyordu. **Sonrasında** büyük bir partiyle kutlama yaptık - tanıdığı herkes onunla birlikte kutlamaya gelmiş gibiydi!

verabschiedeten wir uns noch einmal und versprachen, diesmal in Kontakt zu bleiben.

Die Jahre vergingen, und unsere **Freundschaft** blieb bestehen, obwohl wir jetzt in verschiedenen Teilen des Landes lebten. Wir hielten den Kontakt durch Briefe und gelegentliche Telefonate aufrecht und teilten uns gegenseitig die Neuigkeiten aus unserem Leben mit. Als sie ankündigte, dass sie heiraten würde, war ich nicht **überrascht** - sie war schon immer der **abenteuerlustige** Typ gewesen. Aber als sie mich fragte, ob ich ihre Trauzeugin bei ihrer Hochzeitsfeier sein würde, die am anderen Ende der Welt stattfand, musste ich sie erst einmal überzeugen! Letztendlich konnte ich jedoch nicht zulassen, dass meine beste Freundin ohne mich an ihrer Seite heiratet, und so **stimmte** ich trotz meiner Befürchtungen (und nach langem Bitten ihrerseits!) zu, das **Abenteuer** meines Lebens mitzumachen.

Endlich war der Tag der **Hochzeit** gekommen. Ich war nervös, aber auch aufgeregt, bei einem so wichtigen Moment im Leben meiner Freundin dabei zu sein. Die Zeremonie war wunderschön, und sie sah glücklich aus, als sie ihr Gelübde ablegte. **Danach** feierten wir mit einer großen Party - es schien, als ob jeder, den sie kannte, gekommen war, um mit ihr zu feiern!

Anlama soruları

1. Yazar ve arkadaşı ilk nerede tanıştılar?

2. Yazarın arkadaşı buluşmalarına neden geç kalmıştı?

3. Yıllar sonra tekrar karşılaştıklarında arkadaşlar ne hakkında konuştular?

4. Yazar arkadaşının düğün törenine katıldığında ne hissetti?

5. Düğün töreninin yapıldığı ortamı tarif ediniz.

6. İki kadın arasındaki dostluk zaman içinde nasıl değişti?

7. Yazarın hayali nedir?

8. Yazarın arkadaşı nereye seyahat etmeyi planlıyor?

Fragen zum Verständnis

1. Wo haben sich die Autorin und ihr Freund zum ersten Mal getroffen?

2. Warum kam der Freund des Autors zu spät zu ihrem Treffen?

3. Worüber sprachen die Freunde, als sie sich Jahre später wieder trafen?

4. Wie hat sich die Autorin gefühlt, als sie an der Hochzeitsfeier ihrer Freundin teilnahm?

5. Beschreiben Sie den Rahmen der Hochzeitszeremonie.

6. Wie hat sich die Freundschaft zwischen den beiden Frauen im Laufe der Zeit verändert?

7. Was ist der Traum des Autors?

8. Wohin plant der Freund des Autors zu reisen?

www.ingramcontent.com/pod-product-compliance
Lightning Source LLC
Chambersburg PA
CBHW052011150726
47999CB00004B/1612